徳川家康の勉強法

加来耕三

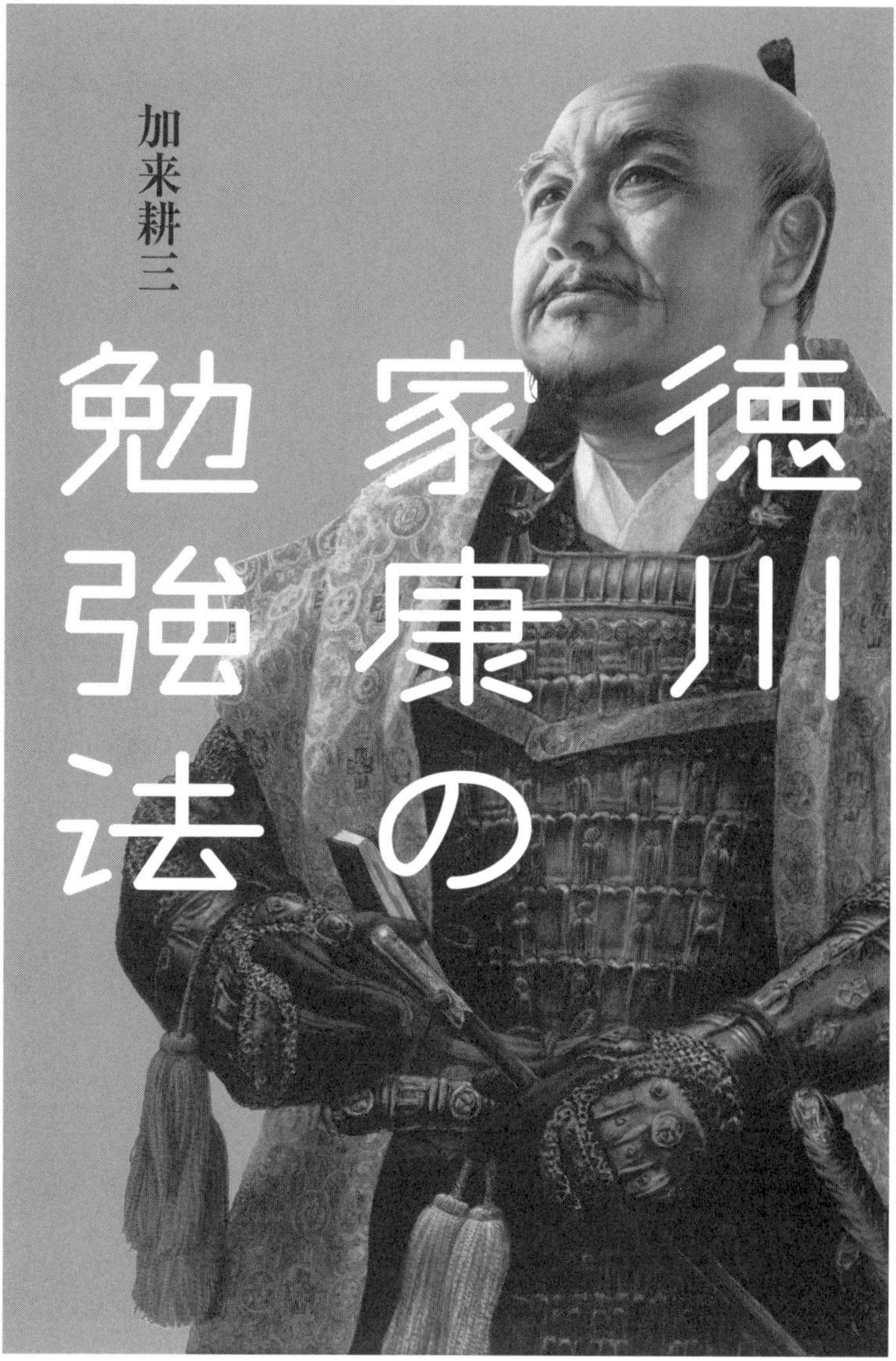

プレジデント社

はじめに

筆者《わたし》は仕事柄、若手ビジネスマン向けの研修で、講演する機会に恵まれてきました。長い間やっていると、講師の話を聞く受講者の表情、質疑応答時の発言内容や態度、講演後の親睦会での交流などを通じて、朧気《おぼろげ》ながらではありますが、その時々の若者たちの気質や特色、世相による変化に気づかされます。

令和の時代に入ってからの若者たちは、われわれ年長者に対し、積極的に踏み込んで発言しようとはせず、むしろ半歩下がって、こちらの出方をうかがっているように見えます。

また、自己主張をすることも少なく、全体の調和を乱さないよう、細心の注意を払いながら、できるだけ目立たないように、おとなしくしているという印象です。

一方、日ごろよく話を聞く企業の経営者、地方自治体のトップや幹部職員、あるいは各種学校法人の理事長、教職員、保護者たちから聞こえてくるのは、「最近の若い人はやる気が感じられず、指示待ち族ばかりだ」「そのくせ、承認欲求だけはやたらに強い」という溜息《ためいき》まじりの声です。

つまり、若者たちは年長者や上司に対して、どのように対応すればいいのか、その術《すべ》がわからないために逡巡《しゅんじゅん》している。対する年長者や上司たちは、自分たちの経験に基づいた考え方や価値観で、そうした若者たちの態度を受け止めてしまい、評価してしまうため、コミュニケーション不全が起きている。そんな気がします。

その結果、互いへの不満が職場の空気の悪さを招き、組織全体としてのパフォーマンスがなかなか上がらない、という悩みになっているように思います。

どこにでもある現在の、そんな課題の解決策として、参考になる歴史上の人物は誰かと問われれば、筆者は戦国大名で、天下統一も成し遂げた「徳川家康」を推します。この人物について、令和の若手ビジネスマンは、どの程度、承知されているでしょうか。

今の時代、誰でも簡単に情報にアクセスができます。「徳川家康」の情報は、それこそネット上にあふれていますから、スマホでググればすぐに知れるでしょう。

家康は若いころ、長い人質生活を送り、現在の若手のみなさんが感じている以上のストレスを抱え、拠り所のない心持ちで、育ち、成長しました。

強国の狭間《はざま》に位置する三河《みかわ》（現・愛知県の東部）という小国の領主となってからは、現在の管理職のみなさんが抱えている以上の不安に押し潰されそうになりながら、生きるか死ぬかのピンチに何度も遭遇し、ときには家臣の半分近くに裏切られ、その都度、必死に考えて、何とか切り抜け、結果的に天下人となりました。

――だから、どうだというのでしょうか。

スマホのデータを一読したのと、同じです。

家康の履歴を知っているだけでは、この人物に学び、自らの生き方、より良いビジネスの成功に活用することはできません。

まずは、その生き方に、立ち止まって疑問を持つことが大切です。

なぜこの時、家康は「死地」（生き残る望みのない危険な窮地）を切り抜けられたのか。問いかける疑問を持つためには、あなたの直面している危機が理解できていなければなりません。目的あっての、手段＝解決方法です。

家康は、生まれてからずっと、思うに任せない人生を生きながら、局面ごとに「最適解」を探し当て、生き抜くことに成功しました。多くはビジネスにもあり得るような対人関係の苦労をしてきたという意味で、その考え方や行動は、先が見えない現代を生きる私たちにとっても、大いに参考になるはずです。

では、家康のどのような点を、とくに参考にすればいいのでしょうか。

それは、とくに前半生において顕著だったことですが、家康が何事も自分の頭で考え、極力一時の感情に流されることなく、一生懸命に学んで、自身を着実に成長に導いてきたプロセスでしょう。

筆者は一番大切であったのが、〝真似《まね》び〟だったと考えてきました。

後にくわしく説明しますが、家康は自らの失敗からも、敵対する相手からも、積極的に学んで、自らの成果につなげていきます。

「賢人、君子は他人の能《よき》を手本とし、悪敷《あしき》をば初めより取り揚《あ》げず」(『本多忠勝聞書《ほんだただかつききがき》』)

と、家康も晩年に語っています。

最初は誰でも、何を、どうすればいいのか、まったく知識を持っていないわけですから、いわば指示を待つ側にならざるをえません。

しかし、同じ指示を待つにしても、相手の指示を的確に実行するためには、どんな準備をし、どのような心構えで待てばいいのか。指示されて即座に動くためには、どのような態勢が必要なのか。さらに、指示が出る前に自分で考え、態勢を整えておくことができれば……。

そういったことを自分の頭で考え、周囲の大人たちの言動を観察し、真似をして、小さな失敗をくり返しながら、一つ一つ着実に身につけて、自らを成長させたのが家康でした。

「愚者は経験に学び、賢者は歴史に学ぶ」

と言ったのは、三流国家プロシア（のちのドイツ）をして、一流国フランスに勝たしめた〝鉄血宰相〟ビスマルクでしたが、失敗をくり返す人ほど、独自のやり方にこだわり、成功事例に学ばない人が多いようです。

オリジナリティーが大事だとか、なかには「やってみないとわからない」という人がいますが、本当にそうでしょうか。

私たちは普段、何か行動を起こす時、その行動の目的にまで配慮を巡らすことなく、いわば中途半端な状況のまま、動いているケースが多いように思います。

本来であれば、何か行動を起こす際は、目的を設定し、その目的を遂行するために最適な手段は何か、それをどのような方法で実現するか、との順番に物事を決定しなければなりませんが、多くのビジネスマンは年齢に関係なく、感情の赴《おもむ》くままに、目的と手段を混同したまま、行動に移していることが多いのではないでしょうか。

しかし、家康が生きた戦国時代では、そのようなことを繰り返していれば、敵に隙《すき》を衝《つ》かれ、たちまち領地を奪い取られ、下手をすればわが身も滅ぼされてしまうことは、歴史を繙《ひもと》けば明らかです。

「兼《か》ねて覚悟、第一ぞ」（『三才雑録《さんさいざつろく》』）

人間はかねてからの覚悟（想定）こそ、一番肝要だ、と家康は言いましたが、現代の対人関係に置き換えて考えてみましょう。

たとえばここに、問題行動を起こす、若手の部下がいるとします。

なぜそんな行動をするのか、といえば、本当はみんなから注目されたい、あるいは上司に自分という存在を認めてほしい、といった場合が多いようです。

しかし上司は、若かりしころの自分と比較するだけで、想像力を働かせて部下の本音を理解しようとはせず、しかもそれほど深く考えもしないで、一方的に注意したり、叱責したりすることがほとんどのようです。

その結果、感情のすれ違いから互いの不信感となり、部下は自分のモチベーションや居場所が奪われたと感じて、やる気を失い、上司を逆恨《さかうら》みすることになります。

逆恨みし、追い詰められた人間が、どういった行動に出るか——。

復讐《ふくしゅう》という手段に、訴えることは今も昔もかわりません。

後に本文で詳しく説明しますが、そうした家臣の復讐に遭《あ》い、生命《いのち》を失いかけたのが家康であり、実際に生命を失ったのが彼の祖父であり、父であり、長男の信康《のぶやす》でした。いずれも短気で激烈な気性だったことが禍《わざわい》して、恨みを買ったためとされています。


では、家康はどうやって己れの本来の激越な気性を抑え込むことができたのでしょうか。渾身の力を振り絞って考えつづけた結果、家康がたどり着いたのが〝真似ぶ〟ことだったのではないか、ということです。

自分には、これといった優れた才能がない。頼れる親や親族もなく、それでも乱世を生き抜いて、松平家の嫡男として家を再興し、次代へと繋《つな》いでいく使命を全《まっと》うしなければならない、と徐々に覚悟したとき、家康はあらゆる人、物事、機会から、自らのいたらなさを学び取り、良いことだと思えば、まずは〝真似〟をして、自身の生き方を正そうと決意したのです。

感情が激しやすい生来の気性を抑制し、生身の人間としての自己を捨て去り、もう一人の自分という頑丈な鎧《よろい》を着て、忍耐強い男を自作自演し続けたのが、家康という人だったのではないか、と筆者には思われてなりません。

読者の中には、他人《ひと》の〝真似〟をすることに、抵抗のある方がいるかもしれません。自分なりの方法論をためしていく方がいい、と考える人がいてもおかしくありませんが、家康の生きた時代、同盟者となる織田信長ほどにオリジナルな考え方のできる、革新的な頭脳を持った人はいませんでした。家康は信長に及ばないことを熟知したからこそ、効率的なやり方を〝真似〟ていったのです。

目的は、生き残ること――。

信長、それにつづく豊臣秀吉についていきながら、その長所を巧みに自らのものとしていったからこそ、家康はついには天下が取れたともいえます。

自分のやり方にこだわりがある人は、目的と手段の区別がつかなくなり、無駄な時間を浪費し、結局、生き残れないことが多い、と知るべきでしょう。

令和の今日は、どうでしょうか——。

昭和の戦後、長く日本経済の発展を牽引してきた終身雇用など、日本型経営制度が行き詰まり、人口減少に伴う人手不足、環境問題、グローバル化やデジタル化への対応の遅れ、パンデミックや自然災害の発生など、めまぐるしい環境の変化の真っただ中にあって、私たちは今、失われた二十年とも三十年ともいわれる国力の停滞に、もがき苦しんでいます。

そんな状況を克服するために、現在、待ったなしのテーマは、「リカレント（学び直し）」、「リスキリング（再教育）」——すなわち、〝学ぶこと〟です。

前置きがいささか長くなりましたが、とりたてて秀でた能力の持ち主でもなく、短気ですぐカッとなる気性の持ち主で、天性のカリスマ性もない、しかも六歳から十九歳まで他家でとらわれの身として過ごした気弱な家康が、なぜ天下人と成り得たのか。

その要因を、彼の「学び」＝「真似び」にスポットを当てながら、詳細に探っていこうという目的で、本書を「勉強法」と題しました。

困難な境遇の中で、家康はどのように考え、どんな学びを得て、具体的にどのような方法で、自らを成長させたのか、それが天下人になるうえで、どのように影響したか、ということです。

本書が、読者のみなさんの日々の成長、課題解決のヒントになれば幸いです。かならず一歩踏み出して、自己主張のできるコミュニケーション力が身につくはずです。

なお、本書は若い方にも読みやすくと考え、口述筆記の形をとりました。読者代表の役をつとめていただいた阿部佳代子さん、水無瀬尚氏に、この場を借りてお礼申し上げます。

令和五年新春吉日・東京練馬の羽沢にて

加来耕三

イラスト　中川惠司

装丁　草薙伸行（Planet Plan Design Works）

目次

第二章

信長と信玄に学んだ最適な戦い方

第三章

秀吉からくだされた最高のほうび

第四章

「学び」を総動員して実現させた天下泰平

第五章

健康で長生きしてこそ成し遂げられることがある

第六章

凡人・家康の功と罪

序章

本当の徳川家康を誰も知らない

「狸おやじ」か「我慢の人」か

徳川家康は日本の歴史上の偉人たちの中で、どちらかといえば印象の悪い人かもしれません。

けれども、歴史好きの玄人《くろうと》には、案外評判がいいのです。人としての器量に奥行きがあって、味わいもある。長い人生を渡っていくうえで、参考になることが少なくない。そんな意見も多々あります。

評判の悪さについては、原因が明らかです。

江戸時代を通じてずっと、「東照大権現《とうしょうだいごんげん》」の神号で神聖視されてきた人物ですから、近代日本が明治を迎えると、その反動が起きたのです。

明治以降、大衆に浸透して人気を博した講談本は、基本の形を〝大阪びいき〟の立川《たつかわ》文庫に採っていましたから、アンチ家康であったことも影響して、不人気の一因となっていったのでしょう。

また、豊臣秀吉亡きあとの関ヶ原の戦い、大坂の陣と、天下取りに邁進《まいしん》していく家康の行動は、腹黒い、狸おやじのイメージにつながってしまいました。

関ヶ原の戦いの火ぶたが切られると、西軍で裏切りや背信、日和見、静観が相次ぎます。

この戦いの前後で、家康の狡猾《こうかつ》ぶりが遺憾なく発揮されたことは、西軍の諸大名に送られた家康直筆とされる、数多くの手紙が物語っています。

手紙には懐柔、威嚇《いかく》、恩賞などの手練手管《てれんてくだ》が、これでもか、これでもか、とばかりに山と盛られていました。

戦いのあと、西軍の大名九十一家が改易され、四家が所領を減らされる一方、東軍の武将と西軍を裏切った武将は恩賞を与えられ、お家の繁栄を約束されました。

だからこそ、十四年後に起きた大坂の陣では、豊臣秀頼《ひでより》（秀吉の後継者）の援軍要請を受けて、大坂城に馳せ参じた現役の大名は一人もいませんでした。

大坂の陣を前にして、家康は全国の大名宛てに懐柔、威嚇などの手紙を送ってはいません。すでに、その必要がなかったからです。

そして、方広寺《ほうこうじ》大仏殿の鐘銘《しょうめい》事件から大坂の陣を引き起こし、豊臣家を滅亡に追い込んだことで、「腹黒い」家康のイメージは決定づけられました。

明治以降、秀吉の遺児・秀頼を守る真田信繁《さなだのぶしげ》（俗称・幸村《ゆきむら》）、その配下の猿飛佐助《さるとびさすけ》、霧隠《くもがくれ》才蔵《さいぞう》、三好《みよし》清海《せいかい》入道《にゅうどう》ら〝真田十勇士《じゅうゆうし》〟を「正義の味方」とし、「悪者」家康を敵として戦う講談、映画などが広く作られ、悲劇の敗者に同情する「判官《はんがん》（ほうがん、とも）びいき」からも、この方向性は人気を博しました。

このように、庶民の間では、いつの間にか家康は「腹黒い狸おやじ」とのイメージができあがってしまったのです。

一方、『東照公御遺訓《とうしょうこうごいくん》』（東照宮《ぐう》御遺訓とも）に家康像が象徴されている、と感じる人も多くいます。

人の一生は　重荷《おもに》を負《をひ》て遠き
道をゆくが如し　いそぐべからず
不自由を常とおもへば不足なし
こころに望《のぞみ》おこらば困窮《こんきゅう》したる
時を思ひ出《いだ》すべし堪忍《かんにん》は無事《ぶじ》
長久《ちょうきゅう》の基《もとい》　いかりは敵とおもへ

勝事《かつこと》ばかり知《しり》てまくる事をしらざれば害其身《がいそのみ》にいたる　おのれを責《せめ》て人をせむるな　及ばざるは過《すぎ》たるよりまされり

『東照公御遺訓』　久能山《くのうざん》東照宮

同様によく知られた、「鳴かぬなら　鳴くまで待とう　ホトトギス」の句に示されているように、時機がくるまでひたすら耐え忍び、時節到来となるややおら動き出し、手間と時間をかけて天下を掌握した粘り腰の男、といったイメージもあります。

実際、家康の生涯を見ると、けっして無理をしない人、我慢の人、律儀な人という印象を受けます。

一度として破ることのなかった信長との同盟、それに続く秀吉に対する恭順《きょうじゅん》の姿勢など、どれをとっても無理や焦りは感じられません。

天下一の大大名となり、その力は他を圧していたからこそ、関ヶ原の戦いで天下が手中に帰したのは自然なことでした。

策略や駆け引きがあったことは戦国の世の常ですが、人生の後半では、ほとんどの戦いで一か八かの無理や無茶な賭けはしませんでした。

「合戦は戦って勝ち、戦って負けるものにあらず。戦わざる以前に勝負の理を知るを良将とす」（『遠江見聞略記《とおとうみけんぶんりゃっき》』）

と家康本人も述べています。

力が自らに満ちるのを待ち、天下の輿望《よぼう》が自身に充満した後に、やおら重い腰を上げる慎重さが、三十代後半の家康にはありました。

ところが、齢《よわい》七十を超え、大坂にいまだ豊臣家が隠然たる勢力を持っていることで、徳川家の行く末を案じ、焦らざるをえなくなった家康は、これまでの人生で身につけた慎重さと着実さ、そして後世のほどよい評価をかなぐり捨てても、無理な勝負に出ざるをえませんでした。

つまり、見方によれば晩節を汚した、という形で、読者のみなさんの多くは、家康についての「狸おやじ」と「我慢の人」という、相反するような二つのイメージを結論づけているのではないでしょうか。

ところが、前述の『東照公御遺訓』は、関ヶ原の戦いの三年後、一六〇三（慶長《けいちょう》八）年正月十五日に家康が述べた、といわれてきたことが、実は一八八四（明治十七）年頃に創られたものである、との説が出てきました。

水戸藩二代藩主・徳川（水戸）光圀《みつくに》の遺言、「人のいましめ」を基に、池田松之介《まつのすけ》という旧幕臣が、食えなくなった旗本《はたもと》たちを救済する目的で、神君遺訓なるものを偽作して、金に換えたのだというのです。池田は家康に似た字を書けたようですが、それだけでは世間は騙《だま》されません。

さらに箱書《はこが》きは山岡鉄舟《やまおかてっしゅう》、高橋泥舟《たかはしでいしゅう》が加わり、世間をまんまと騙したというのです。

偽物《にせもの》であることを発表したのが、尾張徳川家二十一代当主で、徳川美術館の前の館長をつとめた徳川義宣《よしのぶ》氏でしたから、説得力をもったことは間違いありません。

江戸二百六十年余の泰平が終わり、さらに十七年が過ぎた後の明治になって、

「そういえば、家康ってどんな人だったのか思い出してみよう」

という、世情の空気に影響されて、出来上がったのが遺訓の家康像でした。考えた人々は誰一人、家康に会ったことはありませんでした。

徳川家康略系図

- 親氏―泰親―信光―親忠―長忠（長親）―信忠―**清康**
  - **広忠**―**家康**
    - 信康
    - 亀姫（奥平信昌の室）
    - 督姫（北条氏直の室、池田輝政へ再嫁）
    - 秀康（越前松平）
    - **秀忠**―**家光**
    - 忠吉
    - 振姫（蒲生秀行の室、浅野長晟へ再嫁）
    - 信吉
    - 忠輝
    - 松千代
    - 仙千代
    - 松姫
    - 義直（尾張徳川）
    - 頼宣（紀伊徳川）
    - 頼房（水戸徳川）
    - 市姫
  - 信孝（三木）

――別に、次のような逸話も伝えられています。

豊臣秀吉に臣下の礼をとっていた家康は、ある時、秀吉に、

「徳川殿はどんなお宝を持っておられるか」

と尋ねられました。そのとき家康は、

「私のように三河の片田舎に生まれた者は、珍しい書画骨董は持ち合わせておりません。ですが、私のために一朝《いっちょう》事あらば一命をわれに捧げる家来が五百騎おりますが、これこそわが秘蔵する宝です」

と答えたというのです（出典は『岩淵夜話《いわぶちやわ》』）。

家康は、室町時代から続く三河松平家の九代目当主。そこが一代で成り上がった秀吉と違うところで、忠義心の篤《あつ》い家臣団との固い主従関係が、なによりの自慢だ、というわけですが、これも江戸幕府のいわば結果論、公式見解で、幕府が徳川家康を神格化するための「情報操作」ともいえる逸話でした。

まず、家康が生まれた安祥《あんじょう》（安城）松平家ですが、さも松平家の宗家のようにいわれてきましたが、実は松平家の庶流であることが、今日では明らかとなっています。

そのため家臣団も、いくつもの党派に分かれた連合体でした。

徳川家臣団といえば、一般に忠義・忠節の鑑《かがみ》のように受け止められていますが、いやいやどうして、けっしてそんなものではなく、家康の時代にあっても、党派入り乱れての、深刻な内部抗争をくり返しています。

先祖がいつから家康直系の松平家に仕えたか、その時期によって徳川譜代《ふだい》衆も、三つほどに分類されます。

現代の合併した企業における、旧会社を背景にした派閥争い、人事抗争はつきものですが、家康の松平家も例外ではありませんでした。

発端は家康の祖父・清康《きよやす》――。松平家はいくつかの庶流に分かれていたのですが、そうしたなかで台頭著しかったのが清康の安城松平家でした。

この時代からの家臣が「安祥譜代」と最も由緒があり、のちに清康が対立する岡崎松平家の山中城を落とした時代からの家臣が「山中譜代」、さらに岡崎城を攻め落として居城にした時代からの家臣を「岡崎譜代」と、家康家臣の大久保彦左衛門忠教《ひこざえもんただたか》は、その著書『三河物語』に記しています。

いわば清康以後の松平家は、三つの譜代衆の寄り合い所帯で、家中は常に入り乱れて抗争が絶えませんでした。

実際、家康の前半生は、家臣に裏切られ、家臣同士の内紛に翻弄《ほんろう》される事件の連続で、松平家はけっして一枚岩などではなかったのです。

みんなが知っている家康像は史実とは異なる

有名な『東照公御遺訓』は明治になってから作られたもの、忠義・忠節の鑑と受け止められてきた徳川家臣団の鉄の結束力も、どうも史実とは異なるらしいということになりますと、さて、読者のみなさんは、徳川家康は本当はどのような人物だったのか、どのようにして家臣団をまとめたのか、ということに、改めて疑問が湧いてくるかもしれません。この疑問こそが、みなさんの参考となる第一歩です。

筆者はこれまで多くの人が抱いてきた家康の人物像は、家康の本当のものとは全く異なるものであった、と考えてきました。

すなわち、家康は現在に伝わっているような梟雄《きょうゆう》、つまりは性格の悪い英雄で、しかも稀代の忍人《にんじん》、常に冷静沈着、目的のためなら手段も選ばない冷酷な人ではなかったのではないか。信長や秀吉に面従腹背《めんじゅうふくはい》しながら、ひたすら天下を狙い続け、最後に目的を達成した――そんな人ではなかった、ということです。

後世を生きるわれわれは、歴史的事実の結果を知っていますので、結果をもって歴史的な出来事や人物像を理解できた、と思い込みがちですが、実際はそうとは限りません。結果だけ見たのでは、歴史を活用することはできないのです。

重要なのは結果より、起こりとプロセス――。

生身の人間が、どのような環境下で、どんな問題と向き合い、どう考え、判断し、行動したか。重要なのは、その起こりとプロセスを丁寧にたどり、自分の問題として考えることです。それこそが、歴史を学ぶことの意義だと筆者は思います。

人間が本来、生まれついて持っている性質を探ることも、起こりとして大切です。

一例を挙げれば、すでに紹介した「鳴かぬなら　鳴くまで待とう　ホトトギス」――これが家康本来の性格なのか、と疑問を持つことです。

のちにまた説明しますが、家康が尊敬していた祖父・松平清康は二十歳で西三河を平定し、若くして殺されなければ、今川氏の領国・東三河も手中に収めていただろうとされるほどの人物でした。が、二十五歳の時、重臣の息子に背後から斬り殺されました。清康の短気な性格が災いして、恨みを買ったとされています。

十歳で後を継いだ父の広忠《ひろただ》は、一族や家中の内部抗争の結果、領国にいられなくなり、流浪の日々を送り、ようやく今川義元《よしもと》の庇護《ひご》を受けて三河に戻りますが、妻・於《お》大《だい》の実家が織田方に寝返ったことから、この妻を離縁し、今川家に行くはずの嫡男・竹千代《たけちよ》（のちの家康）を、織田家に人質にとられ、二十四歳で父と同様、家臣に刺され、その傷が元で亡くなってしまいました。

また後年のことになりますが、家康の長男・信康は織田信長により切腹に追い込まれています。重臣・酒井忠次《さかいただつぐ》を多くの人の前で罵倒し、恨みを買ったことが、そもそもの発端であったとみられています。

少なくとも祖父、父と、二代続けて家臣に殺されるという境遇からして、家康が自身にも短気で、激《げき》しやすい血が流れていることを意識したことは想像に難くありません。そして、そのことが人質生活を送る運命となった原因の一つであることを認識し、幼いながらも、その性格を何としても抑え込まなければ、わが身も危うい、と家康は考えたに違いありません。

では、どのようにして彼は己れを宥《なだ》めたのでしょうか。

まずは、自分の目的をしっかりと定めたことが考えられます。これは周囲の家臣たちからも、くり返し懇願されていたことでもありました。

「松平家を祖父・清康の時代のように再興する」

これこそが、家康に課せられた最初の目標、ゴールとなりました。

次には、そのために激しやすい性格を矯《た》める、人間を磨くということの実践。

今風にいえば、「人間力」を身につけるために、家康の〝勉強〟はスタートします。

戦国時代の武士の学びは、守護《しゅご》・守護代《だい》、それに代わり得る実力者の家では、いずこもしかるべき教養のある家臣や僧侶（まれに神官）を養育係につけ、高名な公家や学問のできる高僧を、可能な限り他所から呼び寄せ、次代を担う子供の教育に当てていました。

この時代、教養を磨く柱は三つあったといえます。

――儒教と仏教と歌学。

とくに歌学は日本語としての磨かれた詞藻《しそう》を育《はぐく》むものとして重要視されました。

教科書は『源氏物語』『古今《こきん》和歌集』『新古今和歌集』であり、さらに応用として「連歌《れんが》」の勉強がありました。

加えて重要視されたのが、儒教を中心とした中国の古典教養でした。それらを読み下し、声を出して読み、次から次へと覚えていくのです。その一方で、人物が文弱に流れないように、弓馬術、刀槍術など武芸にも精を出させなければなりませんでした。

ある種の、〝帝王学〟であった、といってよいでしょう。

やがて家康が敵とする武田信玄、上杉謙信、朝倉義景《よしかげ》などは、まさにこうした教育を徹底して受けており、今日に残された三人の手紙などを見ると、こうした教育の高さが語彙《ごい》、表現の豊富さにうかがえます。

けれど、小国三河の半分をどうにか領有している松平家にあっては、もしそのまま家康が、岡崎城で育ったとしても、彼には満足な学問は身につけることができなかったかもしれません。

ですが、松平家より大きい織田家、今川家で人質生活を送った家康は、理想的な文武の教養人にはなれませんでしたが、人間として成長するための（怒りを抑えることも含め）、具体的な勉強法をマスターすることには、試行錯誤《しこうさくご》の末、成功しました。

換言すれば、家康は学問の高き山の頂＝理想的な人格者になることはありませんでしたが、どうすれば、「人間力」を養えるのかを身につけることはできたのです。

書物を読む目的について家康は、

「物の本を読む事は、身を正しくせんためなり」（『本多忠勝聞書』）

と言っています。ようするに、書物を読む目的は物知りになることではなく、その内容を活用し、わが身のおこないを正しくするためだ、と家康は言っているわけです。

乱世を生き抜いて、松平家の嫡男として家を再興し、次代へと繋いでいく使命を全うしなければならない、と覚悟したとき、あらゆる人、物事、機会から学び取り、自身の使命を十全に果たそうと決意したのです。

そして、感情が激しやすい生来の気性を懸命に抑える努力を試行錯誤し、生身の人間としての自己を捨てて、もう一人の自分という頑丈な鎧《よろい》を製作し、着用して、自作自演を続けたのが家康という人だったのではないか、ということです。

そのうえで、領主として何の実績もなく、家臣たちに満足な扶持《ふち》（今でいう給与）を与えることさえできない自分が、人の上に立つためには何をするべきか、組織におけるリーダーの条件とは何か、と考えた結果、得られた結論は、家臣の言動や本性は見て見ぬ振りをし、自身の感情や欲望を捨て、組織そのものとわが身が一体になることでした。

無論、この〝学び〟を得るには長い歳月が必要となりました。

家康が「学び」により身につけた「寛容さ」

駿河《するが》・近江・三河を領有する〝東海一の太守《たいしゅ》〟今川義元が、信長によって桶狭間《おけはざま》で討たれたのち、家康は西三河の岡崎に戻りますが、ここで父の代に離反した旧臣を許し、三河平定の途次に発生した三河一向一揆では、多くの家臣の叛逆に遭遇しても、一揆を収束させるべく、すべてを不問に付して彼らの無条件の帰参を許しました。

この時、家康は二十三歳。まだ「学び」は途上にありました。

その家康が、己れの首を狙い、三河一向一揆の後、十年も二十年も各地の一揆勢の参謀や大将として放浪し続けた本多正信《まさのぶ》の帰参を許し、その能力を存分に発揮させた四十代、家康の「学び」は成就《じょうじゅ》していたように思われます。

それは同時に、長男・信康を殺すきっかけをつくった張本人の酒井忠次を、〝徳川四天王〟の筆頭として重用したのと軌《き》を一《いつ》にしたものでした。

四十代に入った家康は、見事に学問の成果＝「人間力」を身につけていたように思われます。

もし、学びが完成していなければ、家臣団で忠次と双璧を成した石川数正《かずまさ》が、強大な敵＝豊臣方へ出奔《しゅっぽん》した際（家康が四十四歳のとき）、徳川家は崩壊していたかもしれません。家康には抜きん出た才能があるわけではなく、戦国武将としての能力も人並みで、それでいて周囲を今川、織田、武田、北条などの強国に囲まれています。

家康は悟ったのです。自分が乱世を生き延びていくためには、今いる家臣たちを頼るしかない、ということを――。

優秀な人間は裏切りますし、騙しもします。ごまかすこともある。けれどもそれを寛容さをもって受け止めることしか、自分にはできない、と覚悟を決めました。

というより、実際のところは他に、選択肢がなかったのです。

「人を遣《つか》うにはそれぞれの善所（長所）を用い、外《ほか》の悪しきこと（短所）は叶《かな》わぬなるべしと、思いすつべし（見逃すのがよい）」（『故老諸談《ころうしょだん》』）

と、家康も夜話のおりに語っています。

――くり返しますが、ほかに方法がなかったのです。

実際、軒《のき》を貸して母屋《おもや》を取られる覚悟で、優秀な家臣に思いきって権限を委譲すれば、助けてくれる好漢《こうかん》はいるもの。そのことは、歴史が教えてくれています。豊臣秀吉と黒田孝高《よしたか》（号して如水《じょすい》、通称・官兵衛《かんべえ》）、石田三成と島左近《しまさこん》、上杉景勝《うえすぎかげかつ》と直江《なおえ》兼続《かねつぐ》、劉備玄徳《りゅうびげんとく》と諸葛孔明《しょかつこうめい》など、枚挙にいとまはありません。

父は家臣に殺される、母は離縁されて他家に再嫁させられる。自身は幼くして、人質として敵方（織田家）へ売り飛ばされる――。

余談ですが、『三河物語』によれば、竹千代時代の家康（六歳）は今川義元を頼った父・広忠の命で、駿府《すんぷ》（現・静岡県静岡市）での人質に出されましたが、その途中で義理の祖父（父・広忠の継室の父）にあたる田原城（現・愛知県田原市）の城主・戸田康光《やすみつ》にうまく計《はか》られ、家康は永楽銭一千貫で、敵対する織田信秀《のぶひで》（信長の父）へ売られてしまったといいます。

天文《てんぶん》（てんもん、とも）後期の米一石が千五百文《もん》前後が相場でしたから、千貫＝百万文で、米にして約六百七十石（約十万キロ）となります。

いま仮に、自主流通米を十キロ＝五千円とすれば、千貫は約五千万円となります。当時のお米は現代よりも重要視されていましたから、価値は優に一億円を超すことになりましょうか。これが家康の、生命の値段であったわけです。

もっとも一説には、一ケタ少ない百貫ではなかったか、というのもあり、そうなると、のちの天下人の値打ちは一千万円となってしまいます。

いずれにせよ、生まれたときから次々と不幸に見舞われた家康の、自分を評価する基準、今でいう自己肯定感は相当に低くなっていて当然です。

自分には何もない。あるのは不幸な人生の、絶望の連続だけ。

その中で家康は、絶望の奈落《ならく》に落ちそうになりながら、家臣たちの期待＝松平家の再興を目指して、謙虚に学び、自らの使命を果たそうと考えたのです。

絶望の中での、寛容さを身につけるべく――。

自身の厳しい境遇の中、自らの経験に学び、他人の〝真似び〟を自らのものとし、つかみ取ってきた方法こそが、家康をして天下を取らしめた根源であったように思われます。

第一章

自分が弱者であることを学ぶ

祖父、父の二代を襲った悲運

徳川家康は、一五四二（天文十一）年十二月二十六日、松平家の嫡男として三河岡崎に生まれました。父は三河の国人領主で岡崎城主の松平広忠、母は同国刈谷《かりや》城主の水野忠政《ただまさ》の娘・於大。家康の幼名は竹千代です（以下、家康に統一して記します）。

松平家は、中世後期に三河国で勢力を伸ばしてきた領主の家柄で、その名字は三河加茂郡松平郷の地名に由来し、松平家の始祖伝承によれば、家康から八代前の松平親《ちか》氏《うじ》を祖としています。

この親氏は、もとは徳阿弥《とくあみ》という諸国を流浪する時宗《じしゅう》の僧侶で、やがて三河松平郷に至り、この地の有力者に婿《むこ》として迎え入れられ、松平家の始祖となったといいます。

七代に位置づけられた家康の祖父・清康が十三歳で家督を継いだとき、一族は没落同然でした。清康の父・信忠《のぶただ》も激越な性格で、加えて狂気じみた暴君であり、酒色にふけって家臣、領民に愛想を尽かされ、離反が相次いだからでした。

それを清康は二十歳になるころまでに、旧領をことごとく復活したばかりか、西三河の大半も討ち平らげ、今川氏の支配下にあった東三河の計略も行って、版図が急拡大し、三河一国をほぼ席巻《せっけん》しました。

それまでの本拠地・安祥城から、岡崎城に移ったのも、清康の時代です。清康は実力において、〝海道一の弓取り〟と呼ばれた今川義元をしのぎ、織田信秀と並ぶほどの名将でした。清康がいま少し長寿であったなら、東海道の支配地図は大きく変わっていたかもしれません。

家康はこの会ったことのない祖父を、大変尊敬していました。自らの通称は、祖父、父と受け継がれた「二郎三郎」を用い、今川家の人質から独立を果たしたのちは、諱《いみな》を「元康」「家康」と二つとも、祖父の名の一字を使用しています。

ところがこの清康は、家臣の逆恨《さかうら》みにあって、非業《ひごう》の最期《さいご》を遂げてしまいました。一五三五（天文四）年、織田信秀の弟・信光《のぶみつ》の居城を攻めようと、清康が尾張《おわり》（現・愛知県西部）森山《もりやま》（守山とも）に布陣したときのことでした。

陣中で、譜代の重臣・阿部定吉《あべさだよし》が敵方に内通している、との噂が流れます。家臣たちの間に動揺が広がり始めた直後に、帯同していた馬が何頭か暴れ出すという騒ぎが偶然、起こったため、これを鎮めようと、清康が現場で家臣たちに下知《げち》していた時のことです。

この騒動を、父・定吉を誅殺《ちゅうさつ》するための出動と早合点した定吉の子・弥七郎《やしちろう》（正豊《まさとよ》）が、やられる前にやっつけろ、とばかりに、背後から清康に斬りかかり、殺してしまったのです。この時、清康は二十五歳でした。

のちに大久保彦左衛門は、著書『三河物語』の中で、阿部弥七郎を「日本一のあほう弥七郎」と罵《ののし》り、「清康公が三十まで生き長らえておられれば、天下をたやすく治められたに違いない」と嘆いています。

松平家中では、〝森山崩れ〟と呼ばれて伝えられた大事件でした。

清康を失った三河松平党は大混乱となり、文字通り右往左往することになります。

なかでも、かねてから隙《すき》あらば、と一族の惣領の座を狙っていた清康の叔父・松平信定《のぶさだ》は好機到来とばかりに、岡崎城に入り、わずか十歳の清康の子・仙千代《せんちよ》（のちの広忠）を追放します。

信じていた家臣に裏切られ、血縁者に岡崎城を追われ、ついに領内にいられなくなった広忠は、わずかな忠臣たちに守られて、一時は伊勢（現・三重県伊勢市）まで逃れていきました。わが子・家康より、はるかに広忠の方が悲惨だったかもしれません。

その後、広忠は今川義元を頼って、遠江、駿河に流浪し、一五三七（天文六）年、今川家の後ろ盾を得て、ようやく岡崎城に帰還しました。

広忠は決して無能な人ではありませんでしたが、それまでの経緯もあって、家臣たちをなかなか信用することができません。そのため、家臣団もなかなかまとまらず、家中での対立は相変わらず、ときに激化します。

一方、そんな三河の混乱状態を、西の隣国＝尾張の織田信秀が黙って見過ごすはずはありません。一五四〇（天文九）年、安祥城が信秀に攻められ、織田氏の三河進出に伴って、譜代の重臣たちの中から、織田方に寝返る者も現れました。

広忠の嫡男・家康が生まれたのは、松平家にとって、どん底ともいえるような状況の、最中でのことでした。

長い人質生活の始まり

家康に最初の不幸が訪れたのは、三歳の時でした。

母の於大が離縁され、家康は幼くして母と生き別れになってしまいました。

於大の父・水野忠政が亡くなり、跡を継いだ於大の兄、信元《のぶもと》が今川方から離反して織田方についたため、今川傘下の広忠と敵対関係となったからです。

この後、広忠は今川義元の意向を受け、三河田原城主・戸田康光の娘、真喜姫《まきひめ》を後妻に迎えます。弱小な属国のつらいところで、親会社の大企業に気を遣う小会社、下請けの悲哀は、今も昔も変わりません。

一五四七（天文十六）年、織田信秀が三河に侵攻し、岡崎城が窮地に陥《おちい》ったため、広忠が今川義元に救援を求めたところ、義元は見返りに家康を人質として差し出せ、と要求してきました。

やむなく広忠は承諾し、家康は駿府に送られます。この時、家康はわずか六歳でした。『三河物語』によれば、途中、広忠の後妻・真喜姫の父にあたる戸田康光の裏切りにあい、

「陸地は敵多く危険でございますので、舟路でお送り申し上げる」

と、西郡《にしごおり》（現・愛知県蒲郡市）から船に乗せられて康光の本拠地・田原へ連れて行かれ、田原でふたたび乗船し、尾張熱田《あつた》（現・愛知県名古屋市熱田区）で降ろされ、織田信秀のもとに届けられたといいます。

康光は、家康にとって義理の外祖父です。信用してしまうのも無理はないでしょう。

思わぬ贈り物に織田信秀は喜び、使者を岡崎に遣わして、

「われに従え、さもなければ竹千代の一命はなきものと心得よ」

と、今川氏と手を切り、織田家に服属するよう迫ります。けれども、広忠は、

「一子の愛に迷うて、今川氏との多年の誼《よしみ》を変ずること、武士の道ではござらん。愚息の存亡は、お心におまかせ申す」

と応じません。彼は一子を捨てる覚悟を固めていました。

角度を変えれば、一子を捨てても、今川家の庇護を受け続けざるをえない、弱小国の切なさゆえの一言といえます。

『三河物語』には、すでにふれたように、「永楽千貫文にて竹千代様を売らせ給ふ」とあり、これが母との別れに次ぐ、家康の二度目の苦難となりました。

家康が尾張にとらわれていたのは六歳から八歳までの二年間であり、当時、信秀の嫡子・信長は十四歳から十六歳ごろということになります。

二人の間に交流があったという挿話《そうわ》は幾つかありますが、好奇心旺盛な信長のこと、家康の軟禁先となった織田家の菩提寺・万松寺《ばんしょうじ》まで、物珍しげに、家康に会い

に行ったことは充分に考えられます。

家康にとって信長は、いわばアニキのような存在で、広野を馬で駆ける信長の後について走り回ったことも、一度や二度ではなかったでしょう。

物学びのよい家康は、このアニキに多くの感化を受け、そのことがのちに織田・徳川の同盟に、ひいては己れの天下統一につながったかと思われます。

「黒鶫《くろつぐみ》」と家康

この頃の家康について、興味深い逸話が『名将言行録』に紹介されています。

不本意にも、尾張につれて来られた家康を、かわいそうに思い、熱田の町人（商人か）が「黒鶫」という、物真似をする小鳥を献上すべく持参したというのです。

家康にしたがっていた近臣たちは、その物真似のうまさに感心したのですが、当の家康は、というと、

「珍しい小鳥でうれしいけれど、ともかくその鳥はお返しするから、持ち帰ってほしい」

というのです。

近臣が町人の帰ったあとで、どうしてお返しになったのですか、と聞くと、家康は、

「そのことだが、あの鳥はきっと自分の声をもっていないのだろう。人も小器用な者は大きな智恵はないものだ。このように自身の智恵のないものは、大将たる者の玩《もてあそ》ぶものではない」

と答え、聞いていたものは感心したといいます。

筆者はこの逸話に、家康の勉強法の確かさをみたように思いました。

「松平家の再興」（織田家に人質にとられた段階では、父・広忠を補佐して、松平家を祖父の代の頃の状況に戻す）という目的をかかげた家康は、そのために本を読み、近臣に学ぶことを日々行っていたのでしょうが、家康はいつも「そのためには何をどう勉強したらいいのか」という、逆算をしていました。

できるだけ早く、お家を再興したかったからです。

今日でもそうですが、目的意識のはっきり定まっていない人は、とりあえず、手あたりしだいに、勉強しようとします。

もし、家康がお家を再興できる立派な人になりたい、と漠然と考えたとしましょ

う。教師役の近臣は、そのための「お題」を考え、それを家康は消化しなければなりません。ですがこれは、本末転倒。見方によっては、「黒鵜」が何も目的意識をもたずに、物真似を覚えるのと同じです。

このやり方では時間がかかるわりに、目的を達成できるかどうかわかりません。自分の目的に合った手段を選ぶことが、〝家康の勉強法〟の基本でした。

一刻も早く――この時点では、父・広忠を補佐できる〝文武〟を身につけ、父を助けなければなりません。無駄な時間は、家康にはありませんでした。

おそらく家康は、アニキの信長に傾倒しつつ、〝文武〟の方法論をあせりながら、懸命に探していたに違いありません。

信長には己れが学び、考え、鍛えてきた独自の方法論がありました。

その初歩は、独学をしない、という彼にとっては意外なものでした。

何事かを学ぼうとするとき、最初に出会うのが「何がわからないのかすら、わからない」という現実です。そもそも、その学びの世界を知らないのですから。

基礎はいかなる分野であれ、きちんと優秀な先生に教わり、勉強のやり方を筋道立てて学ぶのが、実は一番早く結果の出せる道なのです。

現代でも、やたらと自己流、独学にこだわる人がいます。受験勉強でも資格試験でも——。

これが武術・武道の世界なら、入門書やＤＶＤを適当に見ながら、独学で技法を磨こうとする人となります。ですが、筆者は一番大切な基本こそは、しかるべき先人に、それも可能な限り優秀な人を探して、直接、学ぶのがベストだと考えてきました。

なるほど、才能・体力に恵まれている人がいて、一生懸命に一人稽古をしたならば、ある程度のレベルまで到達することは可能でしょう。けれども、多くの場合、ふいにスランプに襲われたとき、どうすればいいのかは、基礎を順序だてて学んでいないと、解決方法がわからない、といったことが多くあります。

自分一人では解決できず、けっきょく、先人に教えを乞わなければなりません。

一人で自らのスランプを脱出するのは、時間のかかる方法だと思います。コスパも非常に悪く、これは決して効率のよいものとはいえないでしょう。

技についても、武術・武道の世界には形（型）というものが存在します。これはその流派の開祖が考案した、一番確実に相手を倒すことができる技法です。みっちり体で覚えて、それを使うことができるようになれば、〝強さ〟は格段に上達します。

それを無視して我流を編もうとするのは、文法をしっかり学ばないで、英語の読解力で良い点をとろうとするのと同じで、無謀なことだと知るべきでしょう。

織田信長というと、独創性が強調されますが、彼は弓術、馬術、鉄砲において、いずれも〝日本一〟といわれる名人を、父・信秀に諸国から捜してもらい、自らの教師に招聘《しょうへい》して、その基礎を徹底して学んでいます。

信長には今、自分に何が必要か、それを手に入れるにはどうすればいいか、といった問いかけが、常にありました。この問いかけこそが、難問に出会ったとき、それを解決できるかどうか、を決することになります。

なぜ、自分は突破できないか、という疑問をもち、自分の頭でその原因を追求する思考力を身につけなければ、乱世における生き残りをかけた〝勉強〟の目的には、たどりつくことはできません。

さて、家康が尾張で人質になっていたころ、父の広忠は今川家と織田家の間でくり広げられる小競《こぜ》り合い、家臣の派閥争いや離反に忙殺される日々を送っていました。

そうした日々の中、一五四九（天文十八）年三月、広忠は二十四歳の若さで亡くなります。死因は諸説あり、『三河物語』などは病死と記していますが、岡崎城内で家臣・岩松八弥《はちや》に、父・清康が家臣の阿部弥七郎に斬られたのと同じ刀「村正《むらまさ》」で、斬られたのが原因との説が有力です。

「村正」はお家に仇《あだ》なす刀として、以降、〝妖刀村正〟との名で徳川家から遠ざけられることになった、という伝説が生まれますが、これは史実ではありません。

御三家《ごさんけ》の水戸徳川家でも、名刀「村正」は所蔵されていました。

それにしても広忠の急死は、松平家を混乱に陥れ、これに乗じて今川義元は、岡崎城と松平家の直接支配に乗り出してきます。

家康が織田家の人質となっていたことに加え、わが子の命より義元への恩義を優先してきた広忠が亡くなった今、松平家の織田方への寝返りを防ぐ狙いもありました。

まず、岡崎城に今川家から城代を派遣して駐留させ、松平家の所領の管理は今川家の代官が行うことにしました。

あわせて、松平家の家老・重臣たちの妻子を、人質として駿府に在住させる命令を発します。

そのうえで、織田方にとらわれている家康の奪還を画策しました。

三河松平家の家臣団を、手足のように使うには、やはり象徴として家康の存在が、こちら側になければなりません。

義元の軍師・太原崇孚《たいげんすうふ》＝雪斎《せっさい》が率いた今川勢は、織田信秀の長男・織田信広（信長の庶兄）が守る安祥城を攻め、信広を生け捕りにし、一五四九（天文一八）年十一月、信広と家康との人質交換に成功したのです。

織田家から解放された家康は、ほんの一時《いっとき》岡崎に帰還しますが、亡父広忠の墓参りを済ませただけで、すぐに今川義元の駿府に連れていかれました。

駿府に向かう家康に従った者は、酒井正親《まさちか》、内藤正次《まさつぐ》、阿部正勝《まさかつ》、天野康景《やすかげ》、平岩親吉《ちかよし》、榊原忠政《さかきばらただまさ》、石川数正ら士二十八人、雑兵五十余人と、史書に記されています。

以来、一五六〇（永禄三）年まで、およそ十二年におよぶ長きにわたる駿府での人質生活を、家康は送ることになるのです。

本当なら、駿府での貧乏暮らしを強いられたかもしれない彼を救ったのは、再婚していた実母の於大であり、彼女が衣服や食べ物を届け、於大の母、つまり家康の外祖母の華陽院《けようい ん》が、今川義元を頼って駿府に来て、直接なにくれとなく家康の面倒を見てくれたからだ、と伝えられています。

駿府で生活を共にしたのは、家康と同年代の少年から二十歳ぐらいまでの若者たち。彼らは若年ながら家康のお供《とも》として起居を共にし、〝ご学友〟をつとめ、遊び相手となり、警護の任務も帯びていました。

人質生活を共にした人々は、家康の家臣として、のちにそれぞれ重要な役割を果たしていくことになります。

「禍福はあざなえる縄の如し」といいます。

日々の生活は苦難の連続で、家康主従にとっては、衆人環視の屈辱に満ちたものだったかもしれませんが、一方で家康にとっては、生涯を共にする家臣たちとの信頼を深める機会ともなりました。

稀代の軍師・雪斎から何を学んだのか

駿府での長い人質生活を通じて、家臣たちとの信頼関係が強くなったこと以外にも、家康には大きな収穫がありました。小国・三河の田舎の領主の子のままでいたら、とうてい出会えなかった「学び」の機会を得られたことです。

織田信長、豊臣秀吉、徳川家康の〝戦国三英傑〟の中で、一番〝学ぶ〟ということに熱心であったのは誰かといえば、まちがいなく家康だったと思います。

信長は基礎こそ徹底して名教師たちについて学びましたが、それを応用するようになってからは、己れの独創を優先させています。

足軽《あしがる》、あるいは貧農の子であったとも伝えられる秀吉（一方で村長の子とも）は、十代で実社会に放り出されたこともあり、多くは〝耳学問〟が中心でした。

家康の場合は、駿府での人質時代に二つの幸運がありました。

一つは、人質として囚《とら》われた先が、駿府の今川家だったことです。

今川家は、清和《せいわ》源氏の正統である室町幕府・足利将軍家の支流をなす名門で、当主義元は、中世以来の駿河、遠江二ヵ国の守護としての実績に、三河も配下に加え、三ヵ国を領有する東海地方の雄として君臨する存在でした。

また、足利将軍家の親戚筋でもあることから、京からの文化の流入も盛んで、当時の駿府は、この地域の学問、文化の中心地でもありました。

二つめは、今川家の最高顧問で、当時、日本屈指の軍師と謳われた太原雪斎から、家康は教えを受けたことです。雪斎は駿河の善得寺《ぜんとくじ》、京都の建仁寺《けんにんじ》、さらに妙心寺《みょうしんじ》で修行を重ね、妙心寺第三十五世にまで昇りつめた臨済宗の名僧です。

義元が幼名の方菊丸《ほうぎくまる》と呼ばれていたころから養育係を務め、〝京都五山〟の一つで「五山文学」の中心だった建仁寺では、義元と一緒に学び、いわば義元とは兄弟弟子の関係でもありました。

義元の長兄・氏輝《うじてる》の死去後に起こった今川家の家督争いで、義元の家督相続にも尽力したことから、当主となった義元から最も信頼され、学問だけでなく、今川家の政治・外交・軍事の最高顧問役として重用されていました。

相模《さがみ》（現・神奈川県の大半）の北条、甲斐《かい》（現・山梨県）の武田、そして今川との三国同盟の締結、前述した信長の兄・信広を生け捕りにし、織田方の人質となっていた家康と交換するという計画を立て、自ら軍を率いて成功に導いたのもこの雪斎でした。

では、家康は雪斎から、どのような教えを受けたのでしょうか。

人質時代の家康が、具体的に学んだ学問については、残念ながら詳細の記録は見つかっていません。が、家康の晩年の勉強ぶりが、人質時代の参考となります。

後年、家康は戦国大名随一の学問好きとして広く知られるようになり、散逸していた貴重な古典を蒐集《しゅうしゅう》し、自ら出版まで手がけています。

そんな家康が、日ごろどんな本を好んで読んでいたのか、家康の侍医として、常にそばに仕えていた板坂卜斎《いたさかぼくさい》が著した『慶長記』に、その一端が記されています。

――その概略を、紹介しましょう（以下、意訳）。

家康様は、本好き、学問好きだったが、漢詩、連歌はお嫌いだった。日ごろ、好んで読んでおられたのは、『論語《ろんご》』、『中庸《ちゅうよう》』、『史記《しき》』、『漢書《かんじょ》』、『六韜《りくとう》』、『三略《さんりゃく》』、『貞観政要《じょうがんせいよう》』。和本は、『延喜式《えんぎしき》』、『東鑑《あずまかがみ》（吾妻鏡）』。その他いろいろと読まれていた。

また、尊敬する人物として、中国では、高祖《こうそ》（劉邦《りゅうほう》）、唐太宗《とうたいそう》と魏徴《ぎちょう》、張良《ちょうりょう》、韓信《かんしん》、太公望《たいこうぼう》、文王、武王、周公。日本では、源頼朝について常々お話しされている。

『論語』や『中庸』は、儒教の代表的な経典で、『六韜』や『三略』は、ともに中国の古典的な兵法書、『史記』や『漢書』は中国の、『吾妻鏡』は鎌倉幕府の、各々事蹟を記録した歴史書です。

『貞観政要』は唐の太宗が、臣下と政治上の得失を論じた言葉を集めたもので、現在も政治家や企業経営者の必読の書として、人気のある中国古典であり、『延喜式』は奈良、平安時代の根本法典である「律令《りつりょう》」の施行細則をまとめたものです。

これらを見ると、家康は実学、とりわけ儒学、兵学、歴史書を好んで読んでいたことがわかります。こういった傾向は、もちろん家康自身が戦国武将として、領主としての領国経営や戦《いくさ》に勝つための知識を得るために必要だったからでしょう。

しかし、その基礎となったのは、八歳から十九歳まで人質として過ごした今川家で、どのような教育を受けたかが、大きく影響していたに違いありません。

その内容は、当主である義元とナンバー2である雪斎が、今川家の領国経営の中で岡崎松平家、さらにその若き当主・家康を、どのように位置づけていたかが大きく影響していました。

つまり、岡崎松平家を庇護することで、若き当主である家康には、有能な武将に育ってもらい、将来、今川家に貢献してもらいたい。そのために必要な教育は、惜しみなく提供しよう、という意図で、家康を勉強させたのではないでしょうか。

家康は雪斎が住持をしていた臨済寺に通い、初歩は手習い、剣術のほか、前述の

『慶長記』に記されているような儒学、兵学、歴史書の手ほどきを、理解力に応じて受け、まず、学問は〝真似《まね》ぶ〟ことから始まる、という初歩の初歩＝本質から教えられたかと思われます。

その結果、よいと思ったものは、ひたすら「真似る」。それが家康の「学び」の基本的な姿勢になりました。

家康の生涯を見ていきますと、創意工夫をともなう意外性や独創性のある言動が、きわめて少ないのも、義元や雪斎が家康に施した教育の基本が基になっていたからでしょう。

確かに、意外性や独創性は、敵を驚かせ、平常心を失わせるという点では有効な場合も少なくない一方、得意の手筋、発想は得てして型にはまりやすく、ある程度、時間がたつと、敵に読まれてしまうリスクも高まるからです。

そんなリスクを冒すよりは、古今東西の成功例を学び、時《とき》と場合に応じて適切に真似た方が、一つのパターンに陥ることがなく、勝率は確実に上がります。

家康は、その基本的な考え方を素直に受け入れたのだと思います。

というより、自分の置かれた立場、自分自身を考えた場合、それ以外の選択肢がなかったのです。

「自分の才覚など、たかが知れている」

そう割り切ったとき、家康はそれとひきかえに、古今東西の「歴史」と「人物」から、多くの智恵を得ることができるようになったのです。

『吾妻鏡』を愛読し、源頼朝を尊敬する

板坂卜斎の『慶長記』で、もう一つ興味深いのは、日本の歴史書で挙げられているのが『吾妻鏡』、尊敬する人物として日本人で唯一挙げられているのが源頼朝であることです。

家康がいつ頃から、鎌倉幕府の事蹟をまとめた歴史書『吾妻鏡』を愛読していたのかは定かではありませんが、おそらく今川家には所蔵されていたでしょう。

『吾妻鏡』は鎌倉幕府が編纂した歴史書で、一一八〇（治承《じしょう》四）年四月、伊豆に流されていた源頼朝（のち鎌倉幕府初代将軍）のもとに、平家討伐を命じる以仁王《もちひとおう》の令旨《りょうじ》（命令書）が届き、源氏の棟梁《とうりょう》（頭領）として挙兵してから、六代将軍である宗尊親王《むねたかしんのう》（父は後《ご》

嵯峨《さが》天皇）が京都に送還された一二六六（文永《ぶんえい》三）年までの出来事が、記述されています。編者・成立年ともに未詳ですが、幕府の実務にたずさわった奉行人《ぶぎょうにん》らによって編纂された、とする説が有力です。

成立は一三〇〇年前後と推定され、戦国時代の武将たちに愛読され、家康もこの書から武士の道理や治世の術を学んでいたことが知られています。

のちに家康は、それまでは筆写した本しか存在しなかった『吾妻鏡』を、活字版で刊行し、広く世に流布させています。

家康が源氏の末裔にこだわり、信長や秀吉と異なり、征夷大将軍を目指したのも、源頼朝を尊敬していたからです。

家康同様、頼朝も幼くして父母と別れ（彼の場合は十三歳で）、流人《るにん》生活を送った身、そんな境遇に親近感も抱いていたのかもしれません。

ある時、家臣が家康に、尊敬する頼朝について、次のような質問をしました。

「かねてより源頼朝を名将とおっしゃっておられます。しかし、平家追討のとき、名代として京に上らせ、ともに軍功を上げた範頼《のりより》と義経《よしつね》の弟二人を殺しましたことは、よくないことと存じますが、いかがでしょうか」

これに対して家康は、

「人は上下、大小に限らず、事の道理を分別し、認知することが大切だ。ところが、この大切さを知る者は少ない。

その方どもが考えていることは判官びいきというやつで、母や乳母《めのと》などが寄り集まって茶飲み話をするようなもの。まったく、役に立たぬ批判である。

頼朝は天下を取られた人である。すべて天下を支配する者は、後継ぎにしようと思っている総領の子一人のほかは、ちやほやする必要はないし、ましてや兄弟などといって、他に立てておくべきではない。

親族の誼で大身《たいしん》に取り立てても、他の大名と少しも変わらぬ処遇をするべきであるし、その面々は特にへりくだり、一段と公儀を敬い、万事、慎まなければならないところ、親族面《づら》をしてわがままな行動をすれば、子や弟であっても、依怙贔屓《えこひいき》をしては、他の諸大名への仕置《しお》き（処置）にも影響する。それ相当の仕置きを申しつけることが、天下を取る者の心得である。

これは世の治乱を考え、万民安堵の道を計るためである。単なる国持ち大名と天下を取る者の心得とは、おのずから違うのだ。頼朝が悪いのではない」

と、答えたといいます。

家康が、自分こそが頼朝の事蹟の正しい理解者をもって任じていたことを、物語るエピソードといえるでしょう。

また、組織のトップが、身内や取り巻きに対して、甘い対応をとることが、周囲の人々を失望させ、信頼を失うことにつながることをも説き、強く戒めています。

現代にもそのままあてはまる、教訓といえるでしょう。


余談ですが、実は『吾妻鏡』には、十年分ほどの欠落部分があるといい、それについて面白い話が伝わっています。

源頼朝が亡くなったのは、一一九九（建久《けんきゅう》十）年正月十三日。享年は五十三でした。前年十二月、相模川に新設した橋の供養（開通式）に出かけ、その帰途、落馬して怪我をしたためといわれています。

しかし、『吾妻鏡』の欠落部分が、ちょうど頼朝死亡の前後であるため、『吾妻鏡』には頼朝死去についての記載が全くありません。

頼朝の死の前後の事情が詳しく書かれていた箇所を読んだ家康が、内容に衝撃を受

け、

「名将の瑕《きず》になる事は、後世に伝えぬにしかじ」（『紳書《しんしょ》』）

そう言って、その部分を破り捨ててしまったからだというのです。

これも、家康がいかに頼朝を尊敬していたかがわかるエピソードです（もっともこの話は、江戸時代に流布された巷説《こう》ですが）。

家康は、日本史上初めての武家政権のトップとして、頼朝ができるだけ広く、また末永く、人々の尊敬と憧憬の対象であってほしい、と強く願っていたのでしょう。

「仇を報ずるに恩を以てする」

雪斎が亡くなるまで、家康はおよそ五年間、さまざまな教えを授かったに違いありませんが、家康にとってこのうえなく幸運だったのは、自分は何者か、人が生きていくとはどういうことか、そのためには何が必要か、といった人が生きて行くための基本を、これまでに増して、体に沁み入るように教えてくれたのが雪斎だったということです。

もっとも雪斎の目的は、別のところにありました。

将来、今川家の武将として、家康が立派に活躍できるように——雪斎は学問をそのための手段として、教えたのです。

禅僧であれば普通、人格を完成させるために学問を積むべきでした。人とはかくあるもの、私心、我欲を捨て去り、利他の心を生きる——云々。

要は、理想的な人間となるのが禅僧の目的です。

ですが、武士として世に立とうとする家康には、その目的が価値はあっても、深遠(はかり知れないほど奥深い)で、ふさわしいものとはいえませんでした。

第一、時間がかかりすぎます。

むしろ重要なのは、短期間に人間としての成長を求めること。

具体的には、自分の欠点や未熟さを抱えたまま、いかに〝名将〟と呼ばれる高みに、自らを導くか。これが家康の命題でした。

教える立場の雪斎は、この点をしっかりと意識していました。

今風にいえば、周囲の人々と良き人間関係を育むためには、どうすればいいのか。

「人間力」を急ぎ、身につけなければなりません。

もしかすると雪斎は、己れの寿命が長くないことを悟っていたのかもしれません。

あわせて彼は、家康の中にある激越な本性に気づいていたはずです。

怒りは自己中心的な感情――未熟さ、心の弱さ――から起こります。

だからこそ禅僧は、私心・我欲を捨てる修行をするわけですが、雪斎は多くの武士が禅を学びながら、捨て去ったと思い込む「自己《エゴ》」の中に、私心・我欲がなお形をかえて――たとえば、克服したとの思い込みとして――残存していることを熟知していました。

もともと武士に、高僧のような悟りは無理があります。

まずは己れを知れ、ありのままの自分を認め、そのうえで自らを冷静に見ろ、と雪斎は家康に説いたはずです。

後年、家康自身が言っています。

「天下は鏡の如し。一毫《いちごう》も曲がる時は、其《そ》の事、規矩《きく》に合わず」（『武野燭談《ぶやしょくだん》』）

天下は鏡のようなもので、少しでも曲がったことをすれば、それが規律に合わなくなる――家康は冷静に己れをみつめることを、生涯、おこたりませんでした。

人は誰しも、幾つもの顔、人格、立場というものをもっています。

百パーセント裏表のない人間など、はたしているのでしょうか。仮にいたとして、われわれはそのような人格を手に入れることが、そもそも可能なのでしょうか。

人は幾つもの顔をもち、仕事や生活の場面、状況によって、それらを使いわけるもの。まずはこれを肯定し、そのうえで上司、同僚・部下や家族、そのほか接する人々との人間関係を豊かなものにしなければなりません。

では、嫉妬心、不和、不平・不満、反目・反発、対立や衝突、つきつめての嫌悪や憎悪などの感情は、どうすれば取り除くことができるのでしょうか。

中国の古典群の中には、対応すべき処世訓があふれています。

が、実際には他者を悪く思う感情を、消し去ることは、悟りをひらいた高僧でもないかぎり、なかなかできるものではありません。

では、どうすればいいのでしょうか。雪斎は家康に、この難問をどのように教導したのでしょうか。

「あた（仇）を報ずるに恩を以《もっ》てする」（『岩淵夜話別集《いわぶちやわべっしゅう》』）

はるか後年、大坂の陣を終えた家康が（亡くなる少し前）、駿府城に戻ってのある夜のこと、御伽衆《おとぎしゅう》（話し相手）を召し出したとき、語ったのがこの言葉でした。

――家康は言ったそうです。

「自分は何らの学問とてないけれども、仇を報ずるのに恩をもってするという一句を、若年のときから聞きおぼえ、常に心に忘れないようにしてきたが、このことは大事にも小事にも、役に立つことが多かった。

だからこのことは本来、秘密の文句なのだが、今日はみなに相伝《そうでん》してやろう」

そういって家康は笑った、といいます。

この仇と恩は、下世話《げせわ》（世間一般で交わされる話題）にもよく登場します。が、家康が「秘密の文句」と言うと、がぜん興味がわいてきます。

敵を憎まずに愛せよ、という物言いと似ていますね。

考えてみれば、好き嫌いは感情によるものですが、仇を恩に、憎悪を愛情に変えるのは、努力による意志の問題となります。

令和の昨今、「好き嫌い」を簡単に口にする人が多いようですが、これは〝鍛えた精神〟とはいいがたいようです。感情をそのまま言葉にする、人前で話すのは、未熟な人間のやることのように思われます。

「人々の智恵の浅深《せんしん》は、その者の一言《いちごん》にてよく知るものなり」（『岩淵夜話』）

と、家康も言っています。

短い言葉を聞くだけで、その人の力量、教養、人柄は知れるもの。なるほど世の中には、どれほど努力しても好きになれない人、というのは存在します。ですが、「嫌いなものは嫌いだ」と言い切るのは、好きになるための努力を考えられるかぎり尽くした後に、言うべきもののように思います。

少なくとも家康は、常にそのことを心がけていました。雪斎に学んだのでしょう。たとえば家康に、次のような言葉があります。

「家々代々続きたる内《うち》には、賢良忠貞《けんりょうちゅうてい》の者ばかりも生まれまじ。不肖魯鈍《ふしょうろどん》の者（おろか者・おろかでにぶい者）もこれあるべし。これらこそ家司《けいし》（家来）と心得、別《べっ》して心をつくさずんば、叶うべからず。

また、天下の権を執る人も、無用の人なりとて、猥《みだ》りに捨つべからず。其《そ》の時こそ不能の人なりとも、其の家の相続するように取り立つるが、則《すなわ》ち順よきなり」（『武野燭談』）

この言葉にも、思わず怒りを覚える「魯鈍の者」や「無用の人」「不能の人」であっても、決して切り捨ててはならない、可能な限り好意をもって向き合え、と家康は言っているように聞こえます。

ほかにも家康は、雲斎に多くのものを学んでいました。

たとえば逆境の中にも、チャンスは必ず転がっている、というのもその一つです。他家の人質という境遇のマイナス面だけを見れば、「運が悪い人」「気の毒な人」で終わってしまいかねませんが、今川家の人質にならなければ、三河の田舎の小豪族の嫡男が、雪斎のような一流の師に学ぶ機会を得ることはなかったはずです。

家康の人生は確かに、堪忍《かんにん》、辛抱を強《し》いられることの多いものでしたが、なぜそれほど我慢ができたのでしょうか。

家康は常に苦しい時であっても、それでも自分にとって幸いしたことはあったということに、気持ちを切り替えることができたからではないでしょうか。

苦しいなかにも、いいことはあったのだ、と。だから我慢できた。要は気持ちの持ちようだ、切り替えだ、と思えるようになったということです。

今川家と家康の関係——家康は今川家の人質ですが、家康が一人前になり、優れた武将（部将）に成長してくれれば、今川家にとっては大きなプラスになります。そう考えて雪斎も、家康の育成を喜んで引き受けたに違いありません。

これは令和の現代を生きる、私たちにも当てはまる「道理」ではないでしょうか。

会社はあなたの能力を必要としている。あなたが頑張ってくれれば、会社も成長できる。そのために上司は教え、あなたを鍛えるわけで、叱られても怒鳴られても、被害者意識だけを持っていては損です。もったいない、と考えるべきではありませんか。

会社にお金をもらって学ばせてもらっている、と思えれば、雪斎に鍛えられた家康と同じ心境になれるはずです。

雪斎についてひたすら学ぶことが、現在の自分を救う唯一の方法であることを、家康は理解したのでしょう。あるいは、〝師〟にそう諭《さと》されたのかもしれません。

雪斎は一五五五（弘治《こうじ》元）年に亡くなります。家康はその臨終の場に立ち会って、師の旅立ちを見送った、といわれています。

政略・戦略の要《かなめ》だった雪斎がいなくなり、このあと一五六〇（永禄《えいろく》三）年、桶狭間で義元が信長に討たれて以後、往年の輝きを失い、戦国大名としての今川家は、ついには滅亡してしまいます。

三河武士の忠義の背景

家康の養育については温情が厚かった今川義元ですが、松平家の領国や家臣団に対する支配は、実に厳しいものでした。

義元から見れば、松平家は今川家の庇護を享受しているわけですから、見返りに奉公するのは当たり前のこと。

前述したように岡崎城に城代を置き、松平家の家臣たちは彼らに顎《あご》でこき使われますが、逆らえば、今川方にとらわれている幼い主君の、家康の身に危害が及ぶかもしれません。そのことを恐れ、ひたすら忍従に甘んじざるをえませんでした。

この時代の松平家臣団の境遇については、『三河物語』にもこう記されています。

「松平家の領地はすべて今川家に奪われてしまい、松平家臣団には扶持米が渡されない。そこで、せめて松平家の根本的な領地、山中二千石だけでも返してもらえないかと頼むが、返してくれないので、譜代家臣たちはみな農民同然に農作業をして年貢米を今川へ納めていた」(意訳)

同書には、次のような話も載っています。

家康がわずかばかりの帰郷で、西三河の領国を巡察した時のことでした。ちょうど田植えの季節で、田んぼでは大勢の農民たちが、黙々と苗を植えていました。家康はその中の一人に、ふと目を留めます。

「おやっ」と思って見ると、向こうも家康に気づいたのか、さりげなく顔に泥を塗り、素知らぬふりで作業を続けました。

家康は「確かにあれは近藤だ。なぜ知らぬふりをする」と独り言《ご》ち、「あれは家臣の近藤ではないか。誰かここへ呼べ」とお供の者に命じました。

呼ばれた近藤は、内心まずいことになったと思いましたが、やむを得ません。

しかたなく顔の泥をぬぐい、畦《あぜ》に立てかけてあった腰刀を帯の代わりに巻いた縄に差して、おそるおそる家康の前に進み出ます。

その様子を見て家康は、

「私の所領が少ないために、お前たちに十分な扶持を与えられず、武備にも事欠き、このように野良仕事もせねばならないことを申し訳なく思う。しかし、今は何より世を渡ることこそ肝要だ。いささかも恥じることはない」

まずは生き抜こう、そう言って近藤の手をとり、共に涙を流したといいます。

このころの松平家主従は、今川家に対して卑屈なまでに気を遣い、忠勤に励んでいました。

それにもかかわらず、いざ合戦となれば、今川方に都合よくこきつかわれました。実際、戦《いくさ》に際しては、松平家臣のうち古参有力者たちを常に最前線に立たせ、次々に討死《うちじに》させ、忠誠心の強い家臣たちはできるだけ減らして、現状の今川の支配に甘んじている若い家臣に置き換えていくのが、義元の狙いだった、と同書には記されています。

覚悟の初陣と老臣の涙

一五五五（天文二十四）年三月、十四歳となった家康は元服しました。

このおり、「烏帽子親《えぼしおや》」は今川義元がつとめ、「理髪《りはつ》」という髪を整える役割は義元の重臣・関口義広《せきぐちよしひろ》（親永《ちかなが》、氏純《うじずみ》とも）が務めています。

こののち、家康は義広の娘・瀬名《せな》を妻としました。義広の妻は、義元の妹と伝えられていますので、瀬名は義元の姪にあたります（異説あり）。

家康は、今川氏の一門に連なったわけです。

のちに、築山殿《つきやまどの》と呼ばれることになるこの正室との間に、家康は嫡男信康《のぶやす》、長女亀《かめ》姫《ひめ》をもうけます。

家康は義元から一字を与えられ、「松平次郎三郎元信」と称することになりました。

翌年、亡父広忠の法要を営むため、家康は岡崎に一時的に帰ることを許されましたが、岡崎城の本丸には今川家から派遣された城代《じょうだい》が駐留しているため、家康は遠慮して本丸には入らず、二の丸に滞在しました。

――その帰郷のときの話です。

松平家菩提寺の大樹寺《だいじゅじ》で無事法要を終えた家康を、清康、広忠、そして家康と三代にわたって仕えてきた家臣の鳥居忠吉《とりいただよし》が、ひそかに岡崎城内の蔵に案内しました。

忠吉が蔵の扉の一つを開けると、中には家臣たちが窮乏《きゅうぼう》を凌《しの》ぎ、倹約に努めて、ひそかに蓄えた大量の銭がうずたかく積まれていました。

驚く家康に、忠吉は涙ながらにこう告げます。

「若君が次にお城に戻られるのは戦《いくさ》の時と存じます。戦に一番大切なのは軍費。兵を養い、武具を備え、兵糧を調《ととの》える。これみな若君初陣《ういじん》のための用意にございます」と。家康も忠吉の手を握り、うなずきながら涙したといいます。

鳥居忠吉の言葉は、やがて現実のものとなりました。

このころ、今川家と織田家はあちこちで小競り合いを繰り返していたからです。一五五八（弘治四）年二月、家康は義元に三河の寺部《てらべ》城（現・愛知県豊田市）攻めを命じられます。城主の鈴木重辰《しげとき》が、今川方から織田方に寝返ったからです。

家康にとっては、初めての戦です。

これまでも、松平家臣団は主君不在のまま、今川勢の先鋒《せんぽう》として数えきれないほどの合戦に駆り出され、酷使されてきましたが、今度ばかりは「殿の初陣だ」というわけで、松平家の家臣たちの士気は大いに上がりました。

家康も、「義元殿に認められたい。苦労をかけてきた家臣たちの苦労に報いたい」との覚悟の初陣だったことでしょう。義元は、「家康の器量のほどを見極めたい」と考えたと同時に、本来の主君を得た松平家臣団に奮起させ、今川家の兵力はできるだけ温存させたい、との腹づもりもあったに違いありません。

寺部城攻めは、夜間の奇襲となりました。

松平勢は奮戦して城主・重辰を城と共に討死に追い込み、さらに転戦して同じ織田方の広瀬城、挙母《ころも》城なども攻撃して、それぞれの城を孤立させました。

家康はみごと、初陣を勝利で飾ることができたのです。

義元はこの軍功を賞して、松平家旧領のうち山中三百貫文の土地を返還し、家康に腰刀を贈りました。

このとき松平側は、旧領すべての返還を求め、あわせて家康の岡崎城への帰還を嘆願しましたが、いずれも今川家には聞き入れられませんでした。

「桶狭間の戦い」で見せた「律儀者」の顔

一五六〇（永禄三）年は、家康の人生にとって大きな転機となりました。

五月十二日、今川義元は大軍を率いて駿府を出発し、尾張に向かいます。いよいよ自ら尾張攻めに乗り出したのです。その数、およそ二万五千――。

今川軍の本隊に先立ち、家康たち松平勢は先鋒として二日前の五月十日に、駿府を発《た》っていました。

五月十八日、尾張領内に最も深く入り込んだ今川方最前線の拠点・大高城《おおだか》（現・愛知県名古屋市）から、城中の兵糧が不足しているとの訴えがありました。

義元は、さっそく先鋒をつとめる家康に、大高城への兵糧入れを命じます。

大高城の手前には、行く手をさえぎるように左右に織田方の鷲津《わしづ》、丸根《まるね》の二つの砦が迫り、その他、寺部、挙母、広瀬などにも、間隔を置いて、織田方の砦が連なっています。

これらを突破して、大高城に兵糧を運び入れなければなりません。

松平勢は、これまで何度も今川軍の別働隊として、最も危険の多い持ち場を命じられ、こき使われてきました。

そこで酒井忠次、石川数正ら松平家の家臣たちはみな、

「信長の準備が十分に整っている最中を、突破して兵糧を入れるなど、危険極まりない。何か別の策を講じるべきです」

と、懸命に再考を進言しました。

しかし家康は、

「大高城が敵の城々の中に入り込んでいて、兵糧が入れにくいことは百も承知の上で、義元公は、この家康に命令をくだされた。それを断ることは、とうていできるものではない。

もしも自分の力で兵糧を入れそこなったならば、それまでのことと覚悟を決めてのことだから、よかれあしかれ、ともかくこの家康の指図に任せてほしい。とやかく言ってはならぬ」

と言ったといいます（『岩淵夜話』）。

十九日早朝、家康は織田軍の注意を大高城からそらすため、兵を二つに分け、一手をあえて大高、鷲津、丸根を横に見ながら、寺部の砦に押し寄せさせ、織田方の目をそちらに向けさせ、家康はその隙を衝き、もう一手の兵を率いて、無事、大高城への兵糧の運び入れに成功しました。

大高城の今川軍と合流した家康たち松平勢は、鷲津砦、丸根砦の攻略にも成功。その戦果は進軍中の今川軍本隊にも届けられ、義元は大いに満足し、大高城に入って守りを固めよ、と家康に伝令しました。

幸先よく前哨戦《ぜんしょうせん》で勝利して、大高城に入った家康たちは、今川軍大勝利の知らせが届くのは時間の問題だ、と考えていたでしょう。

けれども、夕刻になって信じ難い知らせが届きます。大将の義元が桶狭間で討死したとの急報でした。

今川軍と織田軍とでは圧倒的な兵力差があり、義元は武力においても、経済力においても、当時、天下六十余州で最も注目されていた武将でした。家康がその知らせを、にわかに信じられなかったのも無理はありません。

日本の合戦史上、合戦の最中に総大将が討死したのは、この時の義元と、島津《しまづ》・有馬《ありま》の連合軍と戦った九州は沖田畷《おきたなわて》の戦いで、討たれた龍造寺隆信《りゅうぞうじたかのぶ》の二例ぐらいしか思い浮かびません。いかに想定外の出来事だったかが、わかろうというものです。

しかし家康は、石橋を叩いても渡らぬ慎重さで、「敵が計略のため言いふらしているのかもしれぬ。よくよく聞き定めたうえでしか、動けるものではない」と腰を上げませんでした。

そのうち、織田方に属していた母方の伯父に当たる水野信元が、家来を通じて、今川軍総敗北につき、早々に退くようにと伝えてきますが、

「かような時は縁者でも信用できぬ。誤った情報で城を明け渡しては武門の恥ぞ」

と、なおも大高城から出ようとはせず、籠城する覚悟を決めていました。

夜半になって、岡崎城に詰める今川家の城代からの急使が、早く退くようにと伝えて来たのを受けて、ようやく家康は岡崎への帰還を決めたといいます。

『三河物語』によれば、岡崎に戻った家康たち松平勢は、まず岡崎城にほど近い松平家の菩提寺・大樹寺に入ります。前述したように、岡崎城には今川家の占領政策によって、今川家の城代が駐留していたからです。

普通の将であれば、まさに棚からぼた餅で、これ幸いと自領の回復を急ぐべく、一刻も早く岡崎城に入城しようとするに違いありません。

ところが家康は、岡崎城に籠る今川の守兵を追い出すことをせず、大樹寺に入ったまま、沈黙してしまうのです。

家康は武力をもって岡崎城に迫り、多年の夢であった独立を勝ち取ることは考えておらず、今川家への律儀に徹して、岡崎城にいる今川家の城代と共に、今川方最前線の守備を続けるつもりでいたようです。

何しろ大国今川家の中にいた家康は、実体以上に今川家を大きな、無敵の大国と思い込んでいます。

しかし、不可解に見えた家康の行動に、岡崎城の今川家の城代は当惑してしまいます。大樹寺に入ったまま動こうとしない家康のもとに、岡崎城入城を求める使者を送りますが、家康はそのたびに、

「今川殿の、ご承認をいただいておりませぬので……」

と答えて、動く気配がありません。

やがて、城代や今川の将兵は、岡崎城を捨てて駿府へ逃げ帰っていきました。

ここにいたって家康は、「捨て城なら拾ったとて差し支えあるまい。ならば、拾おう」と言って、ようやく岡崎城への入城を果たしました。

六歳で人質となって尾張、駿河に流寓《りゅうぐう》すること十三年、十九歳にして初めて、家康は父祖の城・岡崎城の主《あるじ》となったのです。

大樹寺に到着してから、三日後のことでした。

用心深さゆえのことなのか、それとも臆病なのか、家康の性格や、その後の身の処

し方を物語る興味深い逸話ですが、この時の家康について、武田信玄は「武道分別両方達したる人なり」と賞した、と伝えられています。

分別とは、一般的には物事の道理をよくわきまえているということです。

つまり武田信玄は、家康を武士のリーダーとして、戦に長《た》けているだけではなく、物事の道理もよくわきまえている人物だ、と評価したことになります。

桶狭間の戦いでの、家康の一見不可思議な行動、いわば「家康流分別」とは、どういうものだったのか、が知れます。

家康の分別はまず、「堪忍」することから始まりました。

今川家の将領たちに蔑《さげす》まれようが、馬鹿にされようが、時には家臣たちから呆《あき》れられても、何が起きようと家康は辛抱強く己れの〝受け身〟の立場を耐え抜きました。

次に彼は、誰に対しても丁寧で慎み深く、信義を重んじる武士として、接することを心掛け、信条としました。

「律儀な人」

「控え目なご仁《じん》」

筆者は、こういった家康の人物像は、家康自身が幼いころからの人質生活に学び、意図的につくりあげた姿であった、と考えています。

今川家で囚《とら》われの身となった家康は、衆人環視の中、ひとたび自身が言動を誤れば、たちどころに松平家の存亡を危《あや》うくすることを自覚していました。

そんな環境下で、時には卑屈に見えるほど自らの意思を、丹田《たんでん》（心身の力が集まるところ）にぐっと呑み込み、今川家に膝を屈して見せ、それをとことん徹底するという家康のサバイバル戦術が、桶狭間の戦いでの身の処し方においても、遺憾なく発揮されたということではないでしょうか。

今川家との決別、織田信長との同盟

岡崎城に入った後、家康はいずれは織田勢が押し寄せてくると覚悟し、ならばそれまでに領内の敵方を除いておこうと、織田方の挙母、梅《うめ》ヶ《が》坪《つぼ》、広瀬、沓掛《くつかけ》などの城を、次々と攻めました。

また、駿府の今川家には使者を立て、

「一日も早く、父君の弔《とむら》い合戦を号令ください。そのおりはわたくしも先手《さきて》（先陣）をうけたまわり、先公《せんこう》（義元）のご恩に報いたいと思います」

と、義元の跡継ぎ・氏真《うじざね》に何度も申し入れをしています。

家康は、さらに念には念を入れました。

織田方への攻撃の戦果を今川家に報告し、自らの律儀ぶりを喧伝《けんでん》しながら、同時に今川家の行く末に関する情報を徹底的に収集していたのです。

義元亡き後の今川家が、主君の弔い合戦を仕掛けるかどうか。家康はこの点が今後、松平家の取るべき道に大きく関わってくる、とみていました。

信長は確かに義元を討ち果たしましたが、今川家の兵力は、なお織田家の兵力を大きく上回っています。つまり今後は、義元の跡継ぎである今川氏真の能力と意志にかかっている、と考えたわけです。

もし、氏真が優れた跡継ぎであれば、今川家はすぐさま体勢を立て直して、一気に織田家に報復するに違いありません。

逆に、父の敵討《かたきう》ちの兵を挙げることができなければ、氏真は当主となっても、それは形だけで、家臣たちを納得、心服させることはできず、家臣たちの離反や内紛を招き、やがては衰退の道をたどる可能性が高くなります。

もちろん、仮に氏真が暗愚な跡継ぎであっても、今川家ほどの大国であれば、歴戦の将や勇将・智将も少なくありません。氏真を盛り立てて、先君義元の弔い合戦を標榜《ひょうぼう》し、再び西へと攻め入ってこないとも限りませんでした。

ところが、氏真について聞こえてくるのは、蹴鞠《けまり》に夢中で、家臣たちにまったく信頼されていない、という風聞ばかり。それでも家康は、慎重な上にも慎重を期し、万に一つを恐れていました。

家康は、こうして今川家の動向をうかがいつつ、同時に正直者、律儀者といわれる自分の評判が、敵である織田方にも流れることを計算していました。

これは戦国時代、弱小勢力が生き延びるうえで、最も効果的な外交戦術の一つだったといえるでしょう。

なぜなら、小さな勢力でも、トップの人柄が真面目で忠実であれば、大国の庇護が期待できたからです。つまり家康は、弱小ながらも健気《けなげ》に働いている自分を、敵味方の両方に売り込んでいたというわけです。

一年ほどたったころ、今川氏真にようやく見切りをつけた家康は、今川家との結びつきを絶ち、自立を目指して、今川方の諸城を次々に攻め始めます。

怒った氏真は、駿府在住の松平家の人質を殺してしまう、という暴挙に出ました。

家臣だけではなく、正室の築山殿、長男の信康、長女の亀姫も、氏真の人質に取られている家康は、慎重に家族の生命を守りつつ、ここで「西の隣国」である織田家への接近を考え、家臣（松平家の三軍編成の一つをまかせる）の石川数正を交渉役に、信長との和睦を模索し始めます。

実際、家康は西三河をあらかた制圧して、信長にその勇壮ぶりをアピールするとともに、今川家を裏切った代償として、自分の重臣たちが串刺しの刑に処せられたことも、織田方の耳に入れていたに違いありません。

「三河（私＝家康）は織田殿のために、かくのごとく血も汗も流しております」

家康は手を替え品を替えして、信長に働きかけました。

織田・徳川の同盟が、一方において大きな犠牲を強いるのも承知で、家康はこれを受ける決意を固めている、と意思表明をしたわけです。

一方の織田側も、「桶狭間」直後から、すでに織田方となっていた家康の母方の叔父・水野信元を通じて、水面下で家康との和睦を申し入れていました。

西方の美濃へと侵攻し、さらに西進して京に旗を立てるために、信長もまた「東の頼りがいのある隣国」を必要としていたからです。

万一、中途で織田との和睦がご破算となれば、三河は二大国の狭間で、瞬時に消滅しかねない状況でした。信長からの確かな手応えを得て、両者は一五六二（永禄五）年正月、両国の境界を定め、同盟を結びました。

以来、信長が本能寺で死ぬまでの約二十年間、家康は同盟を守り通し、一度たりとも背《そむ》くことはなく、信長の死後もその遺児（二男）・信雄《のぶかつ》を助けて、ときの権力者・羽柴（のち豊臣）秀吉と一戦を交えています。

当初、家康は当然のことながら、信長との同盟は今川家に秘密にしていました。が、隠しおおせるものではなく、氏真の耳に入るや、詰問の使者が遣わされて来ます。

用心深い家康は、こう答えました。

「われら三河衆は、織田の持城《もちじろ》を攻め、粉骨を尽くし、お尾形（義元）様の弔い合戦を申し出ているのに、何の返答もないのは誠に残念なことです。

信長は大国をもって当三河に侵入せんとの野心を持っているため、このままではわれらはついには疲れはて、敗北することは必定《ひつじょう》ゆえ、やむなく和睦をいたしたまでのこと。氏真様が弔い合戦にお立ちになるなら、直ちに先手をうけたまわる所存です。信長と和睦したのは、一時の権謀に過ぎません。妻と子を人質としてそちらに預けている身に、どうして二心《にしん》がございましょう」

お人好しの氏真は、この言を信じ、さらなる追及を控えたといいます。

懸案だった氏真の人質となっていた家康の妻子も、義元の妹を生母に持つとされる（異説あり）鵜殿長照《うどのながてる》を攻め、その子氏長《うじなが》・氏次《うじつぐ》の二人を生け捕り、家臣・石川数正に命じて人質を交換させ、無事に取り返して、名実ともに今川氏とは手切れとなりました。

家康自らが十三年前、今川家へと人質に送られる途上で、織田家に身柄を奪われ、信長の庶兄・信広との人質交換により、今川家に奪還した雪斎の計略にヒントを得たことは間違いありません。

「元康」から「家康」へと改名したのは、ちょうどこの頃で、一五六三（永禄六）年、彼は二十二歳でした。

家康はこの時、生まれて初めて長い隠忍《いんにん》の日々から、少しだけ解放され、前途に一筋の光らしきものが差し込んでくるのを、見たのではないでしょうか。

ところがその先には、足許《あしもと》に思わぬ落とし穴が待ちかまえていました。

リーダーシップが育まれた三河一向一揆の平定

三河国は元来、浄土真宗《じょうどしんしゅう》の盛んな土地柄でしたが、真宗とはいえ穏健な高田派で、初めの頃は領主松平氏との軋轢《あつれき》もあまりありませんでした。

ところが真宗の中でも過激な本願寺系の宗派（一向宗）が領内に入り込み、大名なにするものぞ、との気概の下、武装した集団が暴れ回り始めます。

後世の歴史家・頼山陽《らいさんよう》をして、「抜き難《がた》し南無六字《なむむいじ》の城（南無阿弥陀仏と唱える本願寺は難攻不落の城だ）」と言わしめたエネルギーは、事実、加賀で領主・富樫《とがし》氏を滅ぼして本願寺王国をつくってしまったほどでした。

一五六三（永禄六）年、徳川家臣団と一向宗寺院の間で小競り合いが生じます。家康の命を受けた家臣・菅沼定顕《すがぬまさだあき》が領内の一向宗の三大拠点の一つ、上宮寺《じょうぐうじ》に入り、刈り入れて境内に保管されていた米を、力ずくで徴発したのが原因でした。

怒った門徒衆は、菅沼の館《やかた》に大挙して襲いかかり、米の回収のみならず財宝、家具までを略奪していました。

「米だけを持っていくならともかく、物品にまで手を出すとは泥棒ではないか」

激怒した家康は、こう言い放ちました。

後年の家康なら粘り強く、まずは交渉の道を探ったに違いありません。

しかし、この時は二十二歳とまだ若く、今川家からの独立を果たしたばかりで、気分も高揚しており、気負いもあったのでしょう。

雪斎の教えを、思い出すべきではありましたが——。

ここでまず一発、一向宗徒に目にモノを見せてやらねば、将来にわたってなめられてしまう、との思いもあったのでしょう。

武力討伐を決意し、全面対決の構えに入りますが、一揆側に属した武士たちの立場や思惑は、さまざまでした。

一揆勢に与《くみ》した武士たちの多くは、純粋に信仰上の理由で一揆側に加わった者が多かったのですが、なかには、今川氏の庇護を受けていた東条城《とうじょう》（現・愛知県西尾市）の城主・吉良義昭《きらよしあき》のように、家康と対立しているという政治的理由で、一揆勢に荷担した者も少なくありませんでした。

家康が最も頭を悩ませたのは、家臣の半分近くが一向宗門徒であったことです。囚われの身となっていた長い苦難の時代がようやく終わり、家康が岡崎城に戻って、織田信長とも同盟が成り、さあ、これからという時です。

若き家康にとってのショックは、計り知れないものがあったと思われます。

一揆勢は、「進めば極楽、退《ひ》けば地獄」のスローガン通りに、仲間の屍《しかばね》を乗り越えて岡崎城に迫ってきました。

ただでさえ強い一揆勢に、東海最強の三河武士たちの半数近くが加わったのですから、手強くないわけがありません。

さらなる、脅威もありました。

一揆の指導者の一人が、きわめて優れた男だったのです。松平家の家臣（といっても軽輩の）、本多正信です。彼は家康より四歳年上で、このとき二十六歳。正信は一揆側の軍師として、家康をさんざん苦しめます。

一時は感情的になった家康も、事の重大さを知るに及び、雪斎に学んだ「人間力」をもちいるようになりました。

もし、本気で一揆を鎮圧すれば、三河松平家の力は半減してしまいます。領主としての「自己《エゴ》」にとらわれては、再び松平家は衰退に向かってしまいかねません。家康は悩み抜いたなかで、自らのプライド、私心・我欲をすてることを決断しました。

すでにみた、感情を意志の力で逆転しようとしたのです。

家康が晩年、駿河に隠退しつつ〝大御所《おおごしょ》〟として、二代将軍の秀忠《ひでただ》に訓戒した言葉を借りれば、次のようになります。

「老子の言葉の由《よし》にて、足《た》ることを知って足る者は、常に足ると言う古語と、あだ（仇）をば恩を以《もっ》て報ずると言う世話と、此《こ》の二句をば、年若き時より、常に忘れずして、受用せしなり（用いてきた）」（大道寺友山《だいどうじゆうざん》著『駿河土産《するがみやげ》』）

後者の仇に恩でむくいるという家康の「人間力」、人間としての力量が、ここでも彼を救い、前途を開かされることになりました。

前者の「足ることを知って足る者は、常に足る」というのも、家康の学んだ究極の〝学び〟の一つであったのですが、このことは詳しく後述します。

まずは後者――。

企業の経営者の多くは、社員を愛すること、信頼することを経営の要諦にあげます。なるほどそれは、経営者として、そうあらねばならない目標であることに間違いはありません。しかし、本来、悟り切れない、いわば高潔ではない未熟な人間は、なかなか理屈としてはわかっていても、実践がともなわないもの。

どうしても、好き嫌いの感情が頭をもたげてきます。

けれども、出会い、上司と部下の関係となったのも、何かの縁《えにし》、因縁《いんねん》（前世から定まっている運命）によるものかもしれません。宿命という、人智をこえた大きな力がはたらいたのかも。

そのように思うと、感情を抑え、心を動かすことができるようになります。

家康は松平家の当主として、自らには非のないこと、自分は主君として間違っていない、その信念をもっていました。それでも離反した家臣たちを許し、自らが彼らを引き受けたのです。

激越する感情を抑え、主君を殺そうとした家臣たちを心底、一物《いちもつ》（たくらみ）も持たずに、家康が許すことができたのは、なぜでしょうか。

筆者は、家康は自らを裏切った家臣たちにさえ、感謝する心を持ちえたからではないか、と考えてきました。

人質時代、多くの家臣たちはボロをまとい、今川家の最前線にかり出され、弾《たま》よけにつかわれ、そうしたなかで家の再興のため、今川家の目を盗んでは軍資金をたくわえていました。

鳥居忠吉に岡崎城内の蔵をみせられたとき、家康は感謝して泣いています。

一向一揆の側に回った家臣のなかにも、あの時、懸命に家康を支えようと頑張った家臣はいたのです。

家康の「学び」は、そこを決しておろそかにはしていませんでした。

「一人して威を振い、一人のみ主君の用に立つべしと思うは、虚者《きょしゃ》か、又は驕者《きょうしゃ》なり。万事をわれ一人にてなすべしと思うべからず」（天野《あまの》信景《さだかげ》著『塩尻《しおじり》』）

何事も自分一人ではできない、ということを家康は、自らの勉強法で学んできたのです。

一揆収束にむけて家康は、一揆側についた家臣たちに対して、「一切の罪は問わぬから、帰参せよ」とくり返し、伝えました。

結果、謀叛に参加した大半の家臣は帰参し、再び家康に仕えることになりましたが、本多正信は自らを潔しとせず、帰参しませんでした。

それどころか、その後も家康と敵対し続けます。


さて、家康はこの正信に対して、どのように対処したのでしょうか。

二人はその後、しばらくは会うこともありませんでした。

では、縁が切れたと家康は考えたのでしょうか。和解できなかったのは正信が悪い、と思い定めたのでしょうか。

もし、家康が正信を見限ったならば、両者の和解はあり得ず、再会時には血の雨が降ったかもしれません。

なぜならば、人間関係は何もしなくても、悪化するものだからです。

人には誰にも、自己を正当化したい、という欲求が備わっています。

「あれほど歩みよったのに――」

と思う心は、無意識に相手の欠点をあげつらい、非難を始めています。

それが心に蓄積されると、相手への怒りの感情が増幅され、再会は修羅場となるケースが多いのです。

――家康と正信は、そうはなりませんでした。

一向一揆の幹部として各地で戦い続け、多くは信長によって一揆が鎮圧されると、正信は親戚筋の大久保忠世《ただよ》のとりなしにより、悩んだ末に徳川家に帰参しました。

その時期については、早ければ一五七〇（元亀《げんき》元）年の姉川の戦いのころ、遅くとも一五八二（天正《てんしょう》十）年の本能寺の変の少し前のころと、諸説あります。

なぜ、正信は帰参を家康に許されたのでしょうか。

家康が正信との、心の関係を絶たなかったからに他なりません。

生命《いのち》まで狙った正信の不信、反発、衝突の意志は、そんなにあっさりと消せるものではありませんでした。家康はこの和解しようのない、と思われた絶望的な局面にあって、自分にもあやまりがあったのだ、という反省を、これまでの勉強で学んでいたのです。

人間は自分に本当の自信がないと、謙虚にはなれないものです。

己れの欠点や未熟さを、素直に認められる人は、すでにそれを克服することのできる次の局面に立っているものなのです。

家康は三河一向一揆の中で、人間が大いに磨かれました。

その証左が、姿を消した正信を、ときおり心の中で思い出し、どうしているだろうか、元気にしているだろうか、と想う行為となって現れ、その相手との関係を絶たなかった〝心〟が、ついには二人を再会させることにもつながったのでした。

よく間違って語られますが、愛するの反意語は、憎むではありません。愛さなくなる、つまり無関心となることです。

プラスのエネルギーが、限りなくゼロに近づいていきます。

世の中には捨てゼリフを吐いて、人間関係に大きな亀裂を生じたまま、去っていく人がいますが、こうした心を閉ざしたままの、残念な別れ方をした人は、その後をみると、死屍累々《ししるいるい》――人間関係にも恵まれず、能力を持ちながら、大きな仕事を成就できなかったケースが、多いように思われます。

家康の同盟者・織田信長の本能寺の変における憤死《ふんし》など、その好例といえるかもしれません。信長は人を許すということが、最期までできませんでした。

――歳月をこえて、人は和解できることを、家康は三河一向一揆の中で勉強したのでした。

「今さらどの面《つら》下げて――」と、かつての同僚たちにあざ笑われながら、家康に受け入れられた正信は、その後、家康が旧武田領を併合すると、旧武田家臣団を取り込み、甲斐・信濃《しなの》（現・長野県）の統治を担当する仕事を見事にやり遂げ、関ヶ原の戦いにおいても謀略の才を遺憾なく発揮することになります。

ふと思ったのですが、一向一揆を会社内の組合問題になぞらえれば、組合の弱点を知り尽くした組合委員長を、会社が重役に迎え入れたようなものかもしれません。

いずれにしましても家康は、苦難の末、半年かけて一向一揆を収拾しました。

和議の話し合いは、「寺を以前のようにする」「首謀者を助命する」等の条件をめぐって紛糾しますが、家康は後者の条件を守りつつも前者については、「寺が建立される前は野原だった。だからそのようにする」と強引に寺を破却し、後顧《こうこ》の憂いを断っています。

早い時期に一向一揆の芽《め》を摘《つ》んだため、家康はその後の領内統治に、あまり苦労することなく、強大な武田信玄との戦いに専念できる環境を得ることができました。

武田信玄の正室は本願寺教如《きょうにょ》の妻の実姉であり、信玄と本願寺の頂点に立つ顕如《けんにょ》（教如の父）は同盟関係にありました。

もし、このとき一向一揆を平定できていなければ、家康は信玄と戦いながら、領内の一向一揆とも戦うという、両面作戦を強いられていたかもしれません。

家康の頭の中に、「宗教ほど危険なものはない」との思いが刻み込まれたのはこの時であり、この思いがのちの、本願寺の力を殺《そ》ぐため、宗門を東西へ二分割することにつながっていきます。

三河一向一揆では、家中から多くの家臣たちが敵に回りました。

当初はカッとなった家康でしたが、長引く一揆勢との戦いの中で、やがて力ずくの強硬策を放棄します。

もし家臣の中の一向宗門徒たちを強引に抑え込もうとすれば、必ずや後々《のちのち》まで家中に恨みが残ったでしょう。祖父や父がそうであったように、家臣に殺されるといった事態が生じることにもつながりかねません。

まして、自分の面子《メンツ》を守るために、家臣たちを力ずくで抑え込もうと焦ったら、将来、大大名となり、天下を取るところまで、家康は行けなかったでしょう。

彼はじっとこらえ、状況を観察し、家臣と膝を突き合わせて話し合いをし、家臣の気持ちを思いやりながら、解決のための選択肢を考えました。

ただ互いの言い分を言い合っているだけでは、問題は解決しないとみれば、中立的な第三者を交えての交渉の場を設定し、交渉に臨《のぞ》んだりもしています。

家康が、中立派を介《かい》して説いたことは、徳川家臣としての立場と、一向宗門徒としての精神世界とを区別して考えること、そして、それを両立させる道を探っていこうということでした。

「そなたが生きていくうえで、必要なものは何か。そのなかで信仰を、どのように位置づけていけばいいのか」――武家奉公と信仰を両立させるために、解決すべき課題は何なのか、と家康は問いつづけました。

改めて考えてみますと、家康の松平＝徳川家の当主としての実績は、一揆の起きた時点では、これというものがありませんでした。そのためもあって、家臣たちに対しても、家康は相当にへりくだって、ものを言ったかと思います。

自分の感情のままに暴走するのではなく、三河が独立して大きくなっていくためには、皆の力が必要なのだ、と理《ことわり》で説いてわからせるやり方をとっています。

「自分の感情を逃がす」「目的と手段を分ける」――そのための方法は、家康が自分自身の勉強によって、学び取ったものだったのです。

人質時代に、時々の感情の赴くままに行動するのではなく、相手と共有できるもっと大きな目標のために、自分をコントロールすることを学習し、その方法を身につけていったのが家康でした。

彼にとって幸いしたのは、こうする以外に自分には、選択肢がないことを、家康本人はよく知っていたことです。

反対勢力を力ずくで、ことごとく排除することは不可能でしたから、残された数少ない選択肢を探るうえで、自分の感情を後回しにして対処するしか、方法がありませんでした。

家臣であっても、必ずしも自分の思いどおりにはならない現実を、いやというほど噛みしめさせられた、そんな経験でしたが、その中で家康が勉強した知恵は、けっして少なくなかったように思います。

この徳川家の、存亡の危機をようやく収束したのは、一五六四（永禄七）年、家康二十三歳の夏のことでした。

天下人たちの勉強法❶

好きなことだけを勉強した織田信長

（一五三四～一五八二年）

織田信長といえば、古い権威を叩き潰し、新しい実力主義の時代を築いた、というイメージを持つ人が多いことでしょう。

こうした偉業を、生まれ持った才能でやり遂げた人物。決してコツコツ努力するような人ではない、というのが信長の一般的なイメージだと思います。

しかし実際は、信長の数々の偉業は、信長の父・織田信秀の教育による成果だった、と言うことができます。どういうことか、詳しく説明しましょう。

父の信秀は、尾張一国どころか、清洲《きよす》（現・愛知県清須市《きよすし》）という地域の三奉行の一人に過ぎませんでした。それが、やがて尾張を実質支配する守護代を圧倒するほどの、権勢と人望を獲得するまでに勢力を拡大します。

武勇に優れているだけでなく、蹴鞠、歌道、礼法などにも通じた文化人でもあった信秀は、勉強熱心な武将でもありました。

教養を身につけるため、わざわざ京から公家や有職故実《ゆうそくこじつ》にくわしい人物を招いては、指導を受けていたほどです。

ところが信秀は、嫡男である信長に対しては、自分が身につけた同じ教育を、一切無理《むり》強《じ》いしませんでした。

それどころか、当時の大名の必須科目であった儒学、仏教、連歌や中国の古典なども、強要して勉強させようとはしませんでした。

普通の親の感覚なら、子どもの信長にも自分と同じ教育を施したい、と考えるに違いないのですが、信秀は時代の先を読んだうえで、信長をどう育てるべきかを考えました。

時代は室町時代から戦国時代へと移り変わり、強くならなければ、あっという間に他国に侵略されてしまう厳しい時代に突入していました。

これまでのように、隣り合う国同士が、領地拡大のために小競り合いを繰り返す程度の、小さな戦いでは済まなくなる、と信秀は感じていたのです。

時代が大きく変わる中で、これまでのように、知識や教養をただ身につけるだけでは、せいぜい自分がやってきた程度で終わる。

あるいは、他国に侵略されて、滅亡してしまうかもしれない。新しい時代を切り拓き、生き抜くためには、常識を超える発想が必要で、積極的に新しいことに挑戦していく気力が、何よりも大事だろう。

信秀はそう考えて、信長には本人がやりたいと申し出たこと、得意なこと、つづけていて楽しいと思えることだけを、やらせることにしたのです。決して上から押し付けたり、無理強いしたりせず、信長が自ら求めるものだけを与える教育を、施したのでした。

信秀は京の朝廷ともパイプを持っていたので、いずれの分野からでも、天下の名人を呼ぶことができたことも、功を奏しました。

信長が馬に乗りたいと言えば、馬術の達人を連れてきて指導してもらう。おそらく信長は、織田家屈指の馬術の名手となっていたはずです。

また、最新鋭の鉄砲の練習にも、好きなだけ打ち込みました。信秀が橋本《はしもと》一巴《いっぱ》という鉄砲使いの名人を、尾張に呼び寄せて指導させています。

信秀は、信長本人の関心事を見極め、徹底的にその分野を伸ばす教育を施したのでした。

人は失敗したり、うまくできなかった経験を、いつまでも引きずってしまうものです。

そしてそれは、ときに劣等感となり、その分野が得意な人に対しては、引け目を感じることにもつながってしまいます。

しかし、信長には幼いころから、何をやっても上手くなった、という成功体験しかないため、何事に対しても、誰に相対しても、コンプレックスを抱くということがありませんでした。

これまで自らが取り組んだことは、何でも上達した。

学問だって真剣に取り組めば、必ず一番になれたはず、と信長本人は確信していたからです。

やればできただろうが、自分はやらなかっただけだ、と信長は信じていました。自分の関心のない分野は、得意な家臣にまかせておけばよい、と割り切っていたのです。

したがって信長は、自分よりも学問に詳しい人間がいても、その人に劣等感を持つことはありませんでした。

そんな教育を受けた信長は、いい意味で自分が信じる道を揺るぎない信念で突き進むことができたのです。

その結果、既存の体制を打ちこわし、新たな国づくりに邁進したのでした。

ですが、長所は短所に通じます。

劣等感を持たなかった信長は、コンプレックスに悩む家臣を理解することができませんでした。

〝天下布武〟に王手をかけながら、多くの離反者が出て、ついには本能寺に横死することになる主因も、実はこのあたりにあったのではないか、と筆者は考えています。

家康を活かし、家康に活かされた「人材」たち❶

酒《さか》井《い》忠《ただ》次《つぐ》　戦功数ふ《う》るに暇《いとま》なし

（一五二七〜一五九六年）

三河譜代の中でも特別な待遇にあったのが、酒井忠次です。

家康の出自である松平家と酒井家は、先祖を同じくする家柄で、『寛政重《かんせいちょう》修諸家譜《しゅうしょかふ》』では酒井家を〝松平別流〟と記しています。

また、忠次の妻は、家康の祖父・清康の娘（家康の父・広忠の妹である碓井《うすい》姫《ひめ》）。並みの老臣とは、家格の違う存在でした。

この忠次は家康より十五歳年長で、股肱《ここう》の臣と恃《たの》む器量をもち、東三河の今川の拠点・吉田城を手に入れると、家康は忠次をこの城の守将に命じています。家康が家臣を城主とした、始まりでもありました。

まもなく忠次は石川数正と共に、惣先手侍《そうさきてさむらい》大将となります。

「戦功数ふるに暇《いとま》なし」（『藩翰譜《はんかんふ》』・かんぷ、とも）とされる忠次は、六十二歳で家督を長子の家次《いえつぐ》に譲り、京都に隠居しました。その二年後の知行割《ちぎょうわ》りで、酒井家は下総臼井《うすい》に三万石を与えられていますが、この石高は譜代筆頭格にしては不当な扱いに映りました。

そのため、家康の妻子＝築山殿―信康母子の一件が、尾を引いていたのではないか、と他の譜代衆はみたようですが、家康は仇に恩を――常に敵対した者、憎んだ者とも、いつかは和解できる、との〝学び〟を体得した人物でした。

生涯、忠次を罰することなく、〝四天王〟の筆頭にすえつづけ、次代の酒井家も当初、家次のキャリアを考えて石高は少なかったものの、一六一六（元和《げんな》二）年には越後高田《えちごたかだ》（現・新潟県上越市）十万石余としています。

さらに家次の子・忠勝《ただかつ》は松代《まつしろ》藩主を経て、出羽庄内《でわしょうない》（現・山形県鶴岡市）十三万八千石の初代藩主となっています。

致仕《ちし》して「一智」と号した忠次は、一五九六（慶長元）年にこの世を去っています。享年は七十でした。

第二章

信長と信玄に学んだ最適な戦い方

生来の気性が招いた、生涯最大の惨敗

一向一揆を平定し、西三河をほぼ制圧した徳川家康は、東三河の今川領を次々に攻略。さらには今川方の最重要拠点・吉田城を手中に収めて、一五六四（永禄七）年にはほぼ三河全体の平定に成功しました。

以来、家康は信玄と同盟を結んで今川家を滅ぼし、その後、武田家と敵対しつつ、信長に加勢して対朝倉戦の金ヶ崎、姉川で浅井長政《あさいながまさ》・朝倉義景《あさくらよしかげ》連合軍と戦い、三方ヶ原《みかたがはら》で信玄に大敗し、信長と連合して長篠《ながしの》でその信玄の後継者・武田勝頼《かつより》を撃破、その間、絶えず隣国駿河に侵入をくり返して、ついには武田氏を滅亡させました。

まさに、戦《いくさ》に明け暮れた歳月といえるでしょう。

武田氏との同盟と抗争の経過は、今川領の駿河と遠江の境界線を引いたのが、そもそものきっかけでした。

一五六八（永禄十二）年、武田信玄は今川氏の弱体化につけ込んで、武田、北条、今川によるこれまでの甲相駿《こうそうすん》三国同盟（別称あり）を一方的に破棄し、今川領駿河に侵攻を

開始します。

信玄は多少の無理をしても、〝海〟に出たかったのです。

同時に家康も、今川領遠江に攻め入りました。

それに際して、信玄と家康は、すでに信玄と同盟を結んでいた信長の仲介で、大井川《おおいがわ》を境として、東の駿河を武田氏、西の遠江を徳川氏が領有するとの密約を結びました。

あたかも、旧ソ連のスターリンとドイツのヒトラーがポーランドを分割統治しようとしたのと、同じような構図です。

二人に同時に攻め込まれた今川氏真は、駿府城を捨て、家臣が守る遠江の掛川城《かけがわじょう》（現・静岡県掛川市）に逃亡を図ります。

けれども、その掛川城は、やがて家康に包囲され、結局、北条氏康《うじやす》を頼って相模小田原《おだわら》まで逃げて、戦国大名としての今川家は事実上、滅亡しました。

しかし、生き残った氏真は、家康と和議を結んで臣従し、その庇護を受け、氏真以降の今川家の子孫も、徳川家に高家《こうけ》（江戸幕府における儀式や典礼を司る役職）のポストを与えられ、江戸幕府で代々の将軍に仕えて存続することになるのです。

前章でみた、縁を自ら切らなかった家康らしい処置といえるでしょう。

明けて正月、信玄は家康との約束を違《たが》えて、唐突に遠江に侵攻してきました。『三河物語』には、大井川を境に東の駿河を武田領、西の遠江を徳川領と定めたにもかかわらず、武田軍が侵入したので、家康は信玄に引き返されよ、と抗議したと記されています。

約束を破ったのはあくまで信玄であり、売られた喧嘩なら買おうというのが、家康の立場でした。

この時、信玄はなしくずし的に両家の境界線を西へ移動させ、大井川ではなく、天竜川とする腹づもりであったとも伝えられています。

この一挙をもって、武田・徳川同盟は崩壊し、両家の熾烈《しれつ》な争いがこの後、武田家滅亡まで続くことになります。

一五七二（元亀三）年の三方ヶ原の戦いは、家康が生涯に一度の完敗を喫《きっ》した合戦として、後世に伝えられています。

甲斐から南の駿河へと勢力を拡大していた信玄は、十月に入って、ついには上洛を決意し、周到な西上作戦を開始します。

京の都までの途上、行く手を阻む者は当面、織田信長とその同盟者・徳川家康の二人のみ。信玄は上洛軍三万（異説あり）を率いて、家康方の遠江二俣《ふたまた》城（現・静岡県浜松市）を攻略し、信長方の美濃岩村《いわむら》城（現・岐阜県恵那《えな》市）を落として、快進撃してきました。

その前々年、家康は遠江を自領に組み入れることに成功し、それまでの本拠地であった岡崎城を嫡男の信康に譲り、自身は遠江三方ヶ原台地の東南端に、浜松城（現・静岡県浜松市）を築城し、居城としていました。

そのころ家康の軍勢は、およそ八千。頼みの信長は、近江琵琶湖の北で浅井・朝倉連合軍と対峙していたため、十分に兵力を割くことができず、わずかな援軍しか送ることができませんでした。その数、およそ三千。

徳川軍は織田の援軍を合わせても、一万一千に過ぎなかったのです。

三万対一万一千では、まともにぶつかって勝ち目はありません。しかも相手は、当時、〝戦国最強〟と恐れられた甲州《こうしゅう》（甲斐国の別称）騎馬隊で知られる武田軍です。

味方の手勢の少なさから、徳川家の重臣・石川数正や内藤信成《ないとうのぶなり》らは口を揃えて、居

三方ヶ原の戦い徳川軍・武田軍布陣図

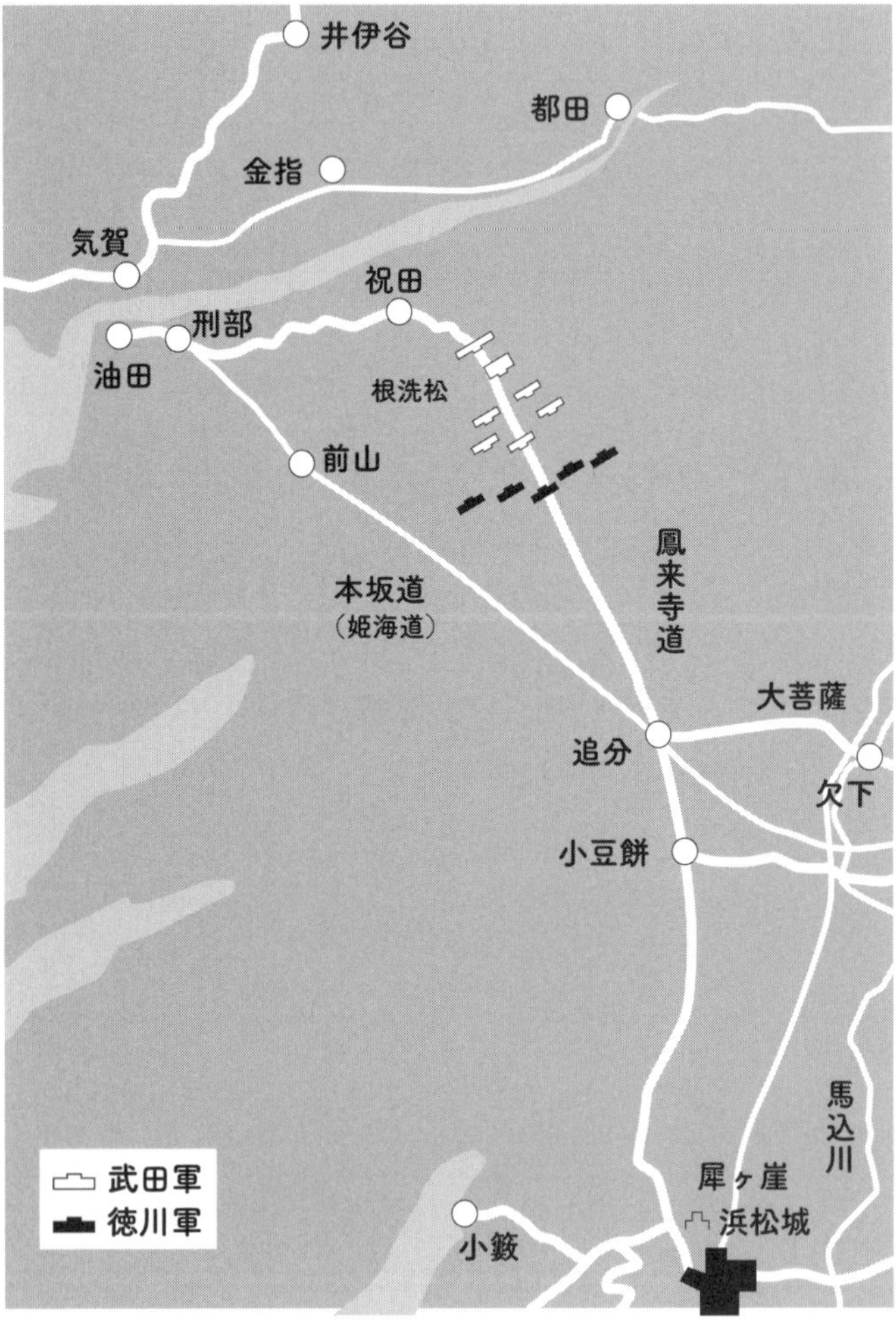

城の浜松城に籠城し、ひとまず武田軍をやり過ごして、敵が通過した後、後方をかく乱する策を主張し、家康に自重を説きました。

ところが、浜松城を包囲すると思われた当の武田軍は、大胆不敵にも城を素通りし、城の西北方向に広がる三方ヶ原の台地に上がって行きます。

——ここで、ウワサが城内に流れました。

武田軍は浜松城を無視して、上方《かみがた》で織田軍と雌雄を決する、というのです。

これを知った家康は、抑えてきた激越な血を、どうにも抑えきれなくなったようで、爪を噛む癖を露《あら》わにして、こう言い放ちます。

「多勢で自分の屋敷の裏口を踏み破って通ろうとしている者がいて、家の中から出て咎《とが》め立てしない者があろうか！」

珍しく怒りを面《おもて》にして、感情に任せての出撃命令を下しました。

おそらくこの時、家康はどうしていいのかわからない、「死地」に心身共に嵌《はま》っていたのでしょう。

その興奮した脳裏には、かつて二十七歳だったアニキ分の信長が成し遂げた、桶狭間合戦の快挙が浮かんでいたに違いありません。

三十一歳の家康は、自分にもやれる、との思いがあり、放《はな》ってあった物見《ものみ》から、一望千里といわれた三方ヶ原の台地が尽きるあたり、祝田《ほうだ》と呼ばれる狭い場所で、武田の大軍が小休止＝弁当をつかっている、との情報を得ました。

「これこそ、天祐《てんゆう》――」

機《き》を逸《いっ》してなるものか、と祝田に急ぐ家康軍（織田の援軍も）は、老練な五十二歳の信玄の策略にまんまとはめられてしまったことが、ほどなく明らかとなります。

武田軍は小休止と見せかけて、戦いに有利な高所へと密かに移動し、臨戦態勢を布《し》いて徳川・織田連合軍の到着を待ちかまえていました。

罠《わな》にかけられたと知った時には、徳川勢はすでに袋の鼠《ねずみ》。武田軍の包囲網の中に、スッポリとつつまれていました。

戦上手の武田軍に、赤子の手をひねられるように翻弄され、本多忠真《ただざね》（忠勝の叔父）、鳥井忠広《ただひろ》（元忠の弟）、成瀬正義《なるせまさよし》（正成《まさなり》の伯父）ら名だたる徳川家の部将たちが討死し、たちまち全軍総退却に至ります。

この時、これまでの家康の勉強の成果が、彼を救うことになります。

家康の馬の轡《くつわ》を取っていた夏目次郎左衛門吉信《よしのぶ》は、敗戦のなか力戦しつつ、敵を防ぎますが、ついに家康を守れなくなってしまいました。

このとき吉信は、家康の身代わりとなって、「われこそ家康なり」と武田の大軍の中に躍《おど》り込み、時を稼いで家康を逃がし、己れは壮絶な討死を遂げたのです。

その死に方は、混戦の中でもひと際、華々しいものでした。なぜ、吉信はそこまで頑張ったのでしょうか。

実は吉信は、三河一向一揆のおり、一揆側に与《くみ》し、額田郡野羽《ぬかたぐんのは》（現・愛知県額田郡）の要害に立籠《たてこも》り、家康方の深溝松平家の主殿助伊忠《とのものすけこれただ》と度々、激戦をくり広げていました。

ある日、伊忠が奇襲戦を敢行し、吉信は敗れて針崎《はりざき》の寺の蔵に逃れます。

伊忠は厳しく周囲を取り囲み、岡崎にこの旨を注進しました。

家康は伊忠の心づかいを賞しつつも、

「吉信が蔵に逃れ行ったのを、誅するというのは、籠《かご》のなかの鳥を殺すのと同じであろう。そのまま、助命するがいい」

と命じます。

伊忠はその寛大な処置に納得がいかなかったようですが、主君の命令です。しかたなく従い、吉信を逃がしました。

囲みを解かれた吉信は、この意外な助命に心から己れを猛省したのです。

彼は岡崎の方を伏し拝んで、

「このような恩愛深き主君に、弓を引いたとは、われながらいかなる心であったろう。いまさら悔いても仕方がないが……」

と涙を流し、その後は毎日、自分の持仏堂に籠って、仏にむかうように、

「今後はなんとしても、ご主君の役に立ち、この身を果たしますように――」

と声を高くいうのが常であったようです。

そして吉信は、家康の身代わりとなり、忠死を遂げました。

家康の仇を恩で返す、彼の〝学び〟が、彼の「死地」を救ったのでした。

この戦《いくさ》＝三方ヶ原の戦いは、徳川方の戦死者千百八十名。対する武田軍は、二百余に過ぎず、敗走の途中、家康は恐怖のあまりに馬上で、糞をもらした、と伝えられています（これも、後世の付会《ふかい》ですが）。

敵将・信玄から学んだ「兵法」三つの極意

無謀にも名将信玄に、真正面から挑んだ家康の自棄糞《やけくそ》＝「男気《おとこぎ》」は、後世、家康の武勇談となって伝えられますが、この敗戦から学んだことのほうが、家康にとっては一瞬の「男気」より何倍も大きなものでした。

家康はアニキ分の信長に憧れ、信長のような武将になりたい、と思っていました。

家康が初陣を果たしてまもなく参陣した桶狭間の戦いで、二万を超える今川軍に対し、信長が二千の兵で敵の大将・今川義元を討ち果たし、勝利をつかんだ、との報に接したときの驚きと興奮は、生涯忘れられないものだったに違いありません。

ですが、三方ヶ原直前の家康はいただけません。感情的に高ぶっている人間には、そもそも冷静な状況判断はできませんでした。

桶狭間の義元と三方ヶ原の信玄とでは、武将のタイプが違うのだ、という当たり前のことさえも、家康は判断がつかなくなっていたのでしょう。

この敗戦後、家康は人生観が変わるほどの猛省をしています。

天才信長のやり方を真似しても、そもそも卓越した才能のない自分には無理であった、ということを骨身に染みて思い知ったのです。

では、どうすればいいのか。勉強法の基礎＝〝真似ぶ〟姿勢は、すでに出来ています。

学ぶべきモデルを、家康は懸命に諸国の大名、武将の中に探し、その結果、大敗した敵の大将・武田信玄にいきついたのです。

中国の兵法の古典『孫子』は、こう説きます。

「勝兵は先《ま》ず勝ちて而《しか》る後に戦いを求め、敗兵は先ず戦いて而る後に勝ちを求む」

勝つ軍隊は、まず勝利の条件を整えてから戦うが、敗れる軍隊は、まず戦ってからあわてて勝利の条件を整えようとする、という意味です。

似た家康の晩年のことばは、前章で述べています。

信玄の強さの源《みなもと》は、まさにこれ＝〝真似ぶ〟にありました。ひらめきや奇策に頼るのではなく、常に堅実で道理にかなった戦い方によらねばならない。

家康はそのことに、九死に一生の中で気づいたのでした。

単に兵法書による机上の学問としてではなく、実際の合戦から、とりわけ大敗戦から学んだことは、家康にとって貴重な財産となりました。

家康が、三方ヶ原の戦いで信玄から学んだことは、主に以下の三点です。

一つ目は、この合戦で信玄が採用した戦法です。

たとえば、合戦の際、最もおろそかにしてはいけないのは、時間との勝負であるということ。

圧倒的な兵力差がある場合、敵が籠城していたなら、それをじっくり力で攻めるのが一般的な戦《いくさ》のセオリーです。

しかし、三方ヶ原の戦いで信玄は、家康方に浜松城に籠城されては、城を落とすのに時間がかかり過ぎる、と考えました。

その間に家康の同盟者・信長の、さらなる援軍が到着して、城内の籠城軍と後詰《ごづ》めの織田軍とで挟み撃ちにされることも警戒したのです。

そこで浜松城内の徳川軍を、三方ヶ原におびき出してから叩く、という作戦を採りました。

この時の信玄の作戦は、のちに家康によって、関ヶ原の戦いにそのまま活かされることになります。

一六〇〇（慶長五）年九月十五日の関ヶ原の戦いの時、石田三成をはじめとする西軍の主力は、美濃大垣城《おおがき》（現・岐阜県大垣市）に本拠を構え、東軍との決戦に備えていました。

そこで家康は、大垣城の西軍主力をおびき出す作戦に出ます。

「大垣城を無視して、まず三成の居城である佐和山城《さわやま》（現・滋賀県彦根市）を落とし、その勢いで大坂城を攻める」という東軍の偽情報を、西軍陣営に流したのです。

驚いた三成は、大垣城を迂回してくる東軍を、関ヶ原（現・岐阜県不破郡関ケ原町）で待ちかまえて迎え撃つという作戦に、変更してしまいました。

確かに関ヶ原の野戦での、地の利は先に動いた三成にありましたが、長期戦を覚悟しなければならない大垣城攻めに比べ、関ヶ原での野戦は家康にとって、まだ戦いようがあったのです。

敵との対峙の時間が、いたずらに長引けば、味方に動揺が起こって団結心に亀裂が生じないとも限りません。

二つ目は、武田軍の編成方式や軍法を、具体的に家康は学んだということです。

のちに、信玄の後継者・勝頼《かつより》の代で武田家が滅亡したおり、家康は武田家の旧臣、将兵たちを大量に採用しています。

自軍を強化すると共に、かつて最強といわれた武田軍の軍団編成や軍法を、自軍に取り入れたいとの狙いがあったからです。

一五八五（天正十三）年の十一月、酒井忠次に続く有力な宿老だった石川数正が、秀吉方に出奔した際、これによって徳川軍の編成は、秀吉方に筒抜けになると判断した家康は、躊躇《ちゅうちょ》することなく、それまでの軍団編成や軍法を廃棄して、滅亡した武田軍のそれを採用していきます。

時間差はありますが、これは明らかに三方ヶ原の戦いの敗戦から、家康が学んだ成果だったと言えるでしょう。

三つ目は、信玄の戦に対する基本的な考え方を学んだ、という点です。

信玄は、常日頃から「戦に勝つということは、五分を上とし、七分を中とし、十分を下とする」と言っていました。

その理由は、五分の勝ちは、今後に対する励みの気持ちが生じ、七分の勝ちは怠《おこた》る心が生じ、十分の勝ち、つまり完全勝利は相手を侮り、こちらに驕《おご》りの気持ちが生ずるのでよくない、というのです。

こちらが勝ちすぎて相手を追い詰めすぎると、相手に強い恨みを残すこととなり、双方にとって想定外の不都合が起こることにも用心しなければならない、とも信玄は語っていました。

いずれも理にかなったもので、家康は信玄のこの堅実さこそ目指すべきであり、自分のような凡人でも真似ることができる要因を、多く発見したに違いありません。三方ヶ原の戦いでの、家康の最大の「学び」は、ここにありました。

大敗した合戦までも、自身の「学び」に大いに活用したのが、この人の真骨頂でした。実際に家康は、立ち居振る舞いから言葉遣いまで、信玄を見習い、前述したように、徳川軍の軍団編成、軍略・軍法を武田流（甲州流）に変えていくことになります。

敗北の貴重な経験を子々孫々までの戒めに

名古屋市の徳川美術館に、家康の有名な肖像画「顰像《しかみぞう》」が残されています。三方ヶ原の敗戦の後、自ら命じて描かせたといわれるもので、大弱りの顰顔《しかめがお》のまま、床几《しょうぎ》に腰かけた家康が描かれています。曲げた左足をかかえこみ、左手を顎に当てながらの、英雄らしからぬ情けない姿です。

徳川家康三方ヶ原戦役画像（顰像《しかみ》）

徳川美術館所蔵／©徳川美術館イメージアーカイブ／DNPartcom

近年、この像は三方ヶ原の敗戦とは関係なかった、との説も生まれました。しかし、三方ヶ原の大敗を家康が反省し、将来の戒めとしたこと。この時期に、人変わりしたのではないか、と思うほどの猛省をしたのは疑いようがありません。

よく見る、一般に知られたふくよかな家康像からすると、まるで別人のような「顰像」の姿から、その猛省の真剣さが伝わってきます。

通常、戦いの証拠として絵画を残すのは、勝った側が自らの輝かしい成果を後世に伝えるため、あるいは負けた側をはずかしめるのが目的です。

『蒙古襲来絵詞《もうこしゅうらいえことば》』を見ればわかるように、「このように勇敢に戦いましたよ」と、勝利の証拠をおぎなう役割を果たすのが戦争絵画でした。

ところが家康は、自分の一番哀れな姿を、子々孫々までの戒めとして残したというのです。もし家康の手によるものなら、前代未聞のことといってよいでしょう。

自分の敗北を隠すのではなく、残して世にさらしたのですから。

痛恨の大失敗を見据え、自分を完膚《かんぷ》なきまでに打ち破った敵の知恵を余すところなく取り入れたい、その真摯《しんし》さとトップとしての責任感が、自らへの戒めの証拠を残したというのは、家康の場合、あり得ると筆者は考えてきました。

「同じ石に二度つまずくな」と、古代ローマの哲学者キケロは言いました。

誰でもつまずきはあるもの。問題は最初のつまずきから、いかにしてその後の教訓を得られるかが、人生の分かれ目です。

元来が小心者で、なにごとにつけても疑い深く、慎重で、軽快な動きが苦手、それでいて本来は短気で激越家の家康です。

彼に天下を取らせた秘訣があったとすれば、失敗にも、敵にも、歴史にも学ぼうとした、その貪欲な姿勢ではないでしょうか。

過去に学ばない者に、未来は設計できない、ということを、家康ほど心得ていた人間はいなかったと思います。

密かに信玄を、自らの手本とするとの決意の底には、「信玄ならば、努力すれば近づくことができる」との思いもあったはずです。

三河も甲斐も、農業国であり田舎です。

信長が持つ尾張のように、商いが盛んで、一足す一が二以上になる世界とは、土台のところが違っています。

そして「勝ちは五分を上とする」という、信玄のパーフェクトゲームを望まない姿勢は、とくに家康の肌に合ったに違いありません。

天下人へと猛烈なスピードで駆け上がる信長に学ぶ

三方ヶ原で家康を大敗に追い込んだ信玄は、戦いの翌年一五七三（元亀四）年四月、病が昂《こう》じて西上途上の信濃国駒場《こまんば》で亡くなります。

武田軍は、そのまま甲斐に帰陣しました。

家康は信玄死去の報を聞いて、こう言ったといいます。

「隣国の名将の死を喜ぶ気持ちはない。私の心底はこのようなものだから、家中の下々までも、そのように心得よ。

たとえ敵でも、名高い武将の死去を聞いて、悲しみ悼《いた》むのは武士の心だ。

隣国に剛敵があると、こちらは武道を励み嗜《たしな》むようになり、また国の仕置きに関しても、敵国の外聞をはばかって、自然に政道にもたがわず、家法も正しくなるという道理であるから、つまりは味方が長久に家を守ることのできる基《もと》というものだ。

さてまた、隣国にこのような剛敵がなければ、味方は弓矢の嗜みも薄く、上下ともにうぬぼれて、恥を恐れることがないので、ついには励むことを忘れ、年を追って鋒先《ほこさき》が弱くなるものであるから、信玄のような敵将が死んだのは、少しも喜ぶことではない」

家康のこの言葉は家中に伝えられ、一同、信玄の死を惜しんだといいます（出典『名将言行録』）。

家康が、信玄を単に優れた武将としてだけではなく、領国経営のトップとして、さらに武田家の総帥として、深く敬意を表していたことがわかります。

家康は信玄の死を確認すると、東海地方での巻き返しを図り、奥三河の武田方の城を次々と落としていきました。

武田家は信玄の四男・勝頼が跡を継ぎ、息を吹き返した一五七四（天正二）年、家康方の遠江国高天神城《たかてんじん》（現・静岡県掛川市）を攻撃してきました。武田方二万、徳川方は八千です。

この時も家康は信長に援軍を求めましたが、自軍を包囲する信長包囲網との戦いに忙しかった信長は、援軍を送る余裕がありませんでした。

高天神城主・小笠原長忠《おがさわらながただ》は、武田の猛攻に耐えられずにまもなく開城。以後、「遠江のへそ」と称された戦略上の拠点・高天神城は、武田方の拠点となり、この城の奪還には、七年の歳月が費やされることになります。

徳川方の拠点・浜松城を脅《おびや》かす存在となり、家康は枕を高くして寝られなくなりました。

信玄ですら落とせなかった高天神城を手中にした勝頼は、自信を得て、翌年には足助《あすけ》城や近辺の小城を陥落させ、家康に奪われたままとなっていた三河長篠城を攻略すべく、ついにはこの城を包囲します。その数、一万五千。

この時、城を守っていたのは、徳川方から一度は武田方に転じたものの、信玄の死により再び徳川方に戻った奥平貞昌《おくだいらさだまさ》（のちに信長から一字を授かり、信昌《のぶまさ》と改名）と兵五百でした。

家康は、またしても信長に援軍を仰ぎます。この時、家康は追いつめられていました。

もし、援軍を送ってくれなければ、武田勝頼に遠江を譲り、自分は武田方につく。それほどの覚悟を持って、家康はこの戦いにのぞんでいました。

一方の信長も、予断を許さない状況に置かれていました。石山本願寺、毛利氏、三好氏、松永氏らとの戦いの最中であり、畿内《きない》を留守にすることは大きな危険を伴います。

しかし、これまで家康から何度も援軍要請があったにもかかわらず、三方ヶ原の戦いでは三千の兵しか送ることができず、家康は信玄に大敗を喫し、高天神城攻防戦では援軍を送ることさえできず、家康は城を奪われています。

一方、家康はこれまで信長を助けて、金ヶ崎、姉川で浅井・朝倉連合軍と戦うなど、何度も信長の危機を救う働きをしてきました。

もし今回、家康からの援軍要請に応《こた》えられないということにでもなれば、信長の信義が問われ、同盟の維持は難しくなる。そうなれば、己れの目指す〝天下布武〟も成し遂げられない。

そう判断した信長は、家康の要請を承諾し、自ら大軍を率いて長篠城へと向かうことを決断しました。

織田・徳川連合軍は長篠城の西方、設楽原《したらがはら》に布陣。その数は織田軍三万、徳川軍八千と伝えられています。

軍議の席上、徳川の重臣・酒井忠次は、

「わが軍が、歩兵をもって武田方の砦・鳶ヶ巣山《とびがすやま》を乗っ取れば、背後を衝かれた武田軍は、山を下って設楽原に出るはず。そこを叩いては――」

と建策しますが、なぜか信長は取り合いません。

面目をつぶされたまま、忠次が陣に戻ると、ひそかに信長から召集がかかります。はて、何事かと駆けつけてみると、信長は忠次の建策を、大いにほめ、先ほどの軍議では、敵方のスパイを警戒したのだと言い、信長は忠次の策を改めて採用して、三千の兵で武田軍背後の奇襲を命じました。

織田・徳川軍の本体は馬防柵《ばぼうさく》を設置し、陣城（臨時の城砦）を築き、千挺《ちょう》とも三千挺ともいわれる鉄砲隊で、後背を絶たれた武田軍を設楽原で待ちかまえます。

案の定、鳶ヶ巣山を奪取された武田軍は、連合軍の鉄砲隊めがけて突撃を繰り返し、壊滅的な大打撃を受けました。

武田方の重臣・山県昌景《やまがたまさかげ》、馬場信春《ばばのぶはる》、内藤昌豊《ないとうまさとよ》らが戦死し、ついに〝最強武田〟の不敗神話は崩れます。

武田軍の敗戦は長篠にとどまらず、同年中に信長により領国であった奥三河、東美濃を侵され、家康には諏訪原城《すわはら》、二俣城を落とされ、勢力範囲を縮小していきました。勝利した信長は、越前の一向一揆を平定し、宿敵・本願寺を和睦（事実上の降参）へと追い込み、畿内全域を掌握していきました。

長篠・設楽原の戦いでの圧勝は、信長の天下取りへの大きな足がかりとなりました。また、この時の信長による鉄砲隊を駆使した戦法は、家康にとっても大きな刺激になったことでしょう。

それまでの家康は、合戦の場で鉄砲を重視する戦いはあまり見せていませんでしたが、以降、鉱山技術や冶金《やきん》技術、造船技術などの分野で、新技術の導入に熱心に取り組むようになりました。これは明らかに、新しもの好きの信長の〝真似〟でした。

家族の生命か、徳川家の存続か

長篠・設楽原の戦いに勝利して以降、西国の毛利氏、石山本願寺などとの戦いに明け暮れる信長からは動員もかからなくなり、この時期の家康は、武田氏に対する防備に専念することができました。

そんな一五七九（天正七）年、家康にとって、おそらく生涯で最も堪忍を必要としたであろう、痛恨の事件が起きます。

嫡男・信康が、信長によって死に追い込まれた切腹事件です。

この事件の原因、背景についてはいまだに諸説がありますが、一般に知られているのは、信康の並々ならぬ器量を恐れた信長が、織田家の将来を危惧し、信康生母の築山殿による武田家との内通などを口実に、無関係の信康の切腹を家康に迫ったというものでした。

『三河物語』などには、次のように記されています。

信康の妻＝信長の娘・徳姫《とくひめ》から、信長に対して、信康母子に関する十二ヶ条からなる告発の書状が、届きます。

書状には、信康と自分が不仲であること、信康の母・築山殿が武田家と内通していること、信康の日ごろの素行の悪逆非道ぶりなどが、書き記されていました。

信長は、さっそく家康の家臣団筆頭の地位にあったナンバー2の酒井忠次に面接し、直接、事実関係を問いただします。

この時期、信長は以前よりは多少落ち着いた状況になっていたものの、東に武田勝頼、西に毛利輝元《てるもと》、畿内の中心部には石山本願寺などを敵として、まだ信長包囲網の中での戦いを余儀なくされていました。

同盟者の家康に万一、ここで背かれては一大事になりかねません。

信長も、この一件については慎重に対処し、一応の理屈が通る対応をすることが大前提と考えたはずです。

一方、忠次も、家康家臣団筆頭という立場上、懸命に否定してしかるべきでした。

ところが忠次は、信長が挙げる罪状を、ついには「一々、覚えがあります」と、認めてしまったのです。

なぜ、忠次は家康の嫡男・信康をかばおうとしなかったのでしょうか。

理由は、信康の体内に流れる松平家の血、すなわち家康の祖父・清康、父・広忠の生命を奪い、さらにそれを必死に封じ込めてはいますが、家康にも確かに流れている、短気でカッとなると抑えが利かなくなる激越な血にありました。

戦場での働きでは、家康がほれぼれするほどの若武者ぶりを発揮した信康でしたが、ときおり尋常ではなくなったといいます。

たとえば、秋の踊りを見物していて、踊りの下手な者、装束のみすぼらしい者をつづけざまに矢で射殺し、鷹《たか》狩りに出て、獲物がなかった腹いせに、行きがかりの僧を血祭りにあげた、などという話が伝えられています。

さらに、重臣たちを大切にせず、頭ごなしに追い使って、軽々しく振る舞うことも、多々あったようです。

忠次は幾度となく信康に諫言しましたが、生まれながらの三河国主の嫡男は、いっこうに聞く耳を持たず、むしろ家臣の分際で傲岸《ごうがん》だ、と忠次を憎み、人々の面前で罵ったり、あざけって馬鹿にしたりすることも少なくなかったといいます。

家臣たちは内心で、この若殿では徳川家の行く末はおぼつかない、と考えていたのでしょう。

父である家康が健在でなければ、いずれ親族や家臣によって謀殺される運命にあったかもしれません。家康はこの時、浜松城にあって対勝頼戦に追われていました。息子に向き合う余裕が、皆目なかったのでしょう。

信長からの尋問は忠次にとって、むしろ渡りに船だったかもしれません。

忠次は信長が意外に思うほど、信康の罪状をスラスラと認めたばかりか、その暴虐な振る舞いを家康も心配している、とまで言及したといいます。

そう聴けば、信長も躊躇は無用です。

この瞬間、「すみやかに腹を切らせるよう、三河殿に申し伝えよ」との、信長の断が下りました。


家康は、忠次の報告を静かに聞いていました。

家康の選択肢は、二つしかありません。

信長の命令に従うか、従わないか――。

もし、従わなければ、忠次は謀叛の旗を挙げるか、あるいは織田家に奔《はし》るかもしれません。

そうなれば、いずれ織田軍団が三河に殺到してくるでしょう。

家康がわが子可愛さに、家臣たちに絶望的な一戦を強いれば、彼らは織田家に奔るか、次の旗頭《はたがしら》として忠次を戴《いただ》くことに……。

乱世における家臣団は、確かに情義《じょうぎ》を重んじていますが、それは家康につき従うことで、自家や自党の繁栄を期待し、保証してもらえるからの忠勤に過ぎません。

いずれにしても、信長に攻められては、家康は内外に敵を受けて滅亡するしか道はなかったのです。

悩んだ末、家康は信康に切腹を命じ、妻の築山殿については城外へ連れ出して、密かに殺すよう家臣に指示しました。

「謀叛など、思いもよらぬこと。このことだけは父上に、よしなに伝えてほしい」

と言い残して、信康は見事に腹を切ったといいます。

このことは家康の、生涯にわたる痛恨事となりました。

信康は、家康が十八歳にしてもうけた最初の男子です。いとおしくないはずがありません。

一六〇〇年（慶長五）年、五十九歳の家康（今日なら七十代半ばぐらいを想定する）は、関ヶ原に臨む前夜、雨の中で本営設《あつら》えをすすめながら、

「この齢《よわい》になって、これほど辛い目に遭うことになろうとは……。三郎が生きてさえいれば、このようなことを手ずから（自ら）せずにすんだものを……」

二十年も前に死んだ信康の通称を口にして、声を湿らせたといいます。

家康にとって若くして死んだ信康は、追憶の中では十万の大軍を率いて、〝天下分け目〟の戦いをなし得る大器として育っていたようです。

それでいて不思議なことに、信康を死に至らしめた張本人ともいうべき酒井忠次、処刑を執行した大久保忠世を、家康は終生、左遷もせず、いささかの意趣《いしゅ》返しもしないで、徳川家の柱石、股肱の臣として恃みつづけ、両家の繁栄すら図り続けました。

このことは、すでに述べています。

それらを踏まえて、『常山紀談』に紹介されている、次のような会話＝家康と忠次の間で交わされたものを、お読みいただきたいのです。

高齢になり目を患《わずら》った忠次が、隠居すべく家康に拝謁したおりのことです。

「これからは、わが子家次を、どうぞよろしくお願いします」

と忠次が言ったところ、家康は、

「お前でも、わが子を可愛いと思うとは不思議なことだ」

と言ったといいます。

一般には、信康を殺したも同然のお前（忠次）が、自分の子をわしに頼むのか、と解釈されていますが、筆者はこのおりの、家康の表情に注目してきました。

家康はどのような顔をして、このセリフを口にしたのでしょうか。

おそらくは満面に微笑を浮かべながら、何のわだかまりもなく、この一言が言えたのではないか、と想ってきました。その方が彼の勉強法にはあっています。現に忠次はその後、謀叛の片鱗《へんりん》も見せず、子孫は庄内藩主となって、明治維新を迎えています（前出のコラム参照）。


最近の研究では、「築山殿事件」は信長の命令というより、徳川家臣団の内部対立（浜松派と岡崎派）による複雑な事情が主な原因とされ、家臣団の乱れを象徴する事件と見る向きもあるようです。家康が、妻と息子を殺したのは、家臣団の結束が乱れ、徳川家中が二つに分かれて、崩壊の一歩手前まで来ていたがための、やむにやまれぬ手段であった、との見方です。

また、『三河物語』では家康と信康が不仲であったことを、例を挙げて記述していました。

家康が武田方の高天神城を攻めた際、勝頼が大軍を率いて出兵し、家康が急ぎ包囲を解いて撤兵しようとした、その時のことです。

武田軍に追撃される形となって、信康は家康に「先にお引き上げを」と促し、家康は自分が殿《しんがり》を務めると言い張って、口論になったといいます。

「わしの倅《せがれ》は、わけのわからぬことを言う。早々に引き上げよ、と言ったので、わしは怒った」と家康は言うのです。浜松と岡崎、長く離れて暮らす生活を余儀なくされた父子の間に、日々、不信の念が高まっていたのかもしれません。

それが発端となって信康＝岡崎派、家康＝浜松派という家臣団の対立を招き、最終決断として岡崎派を切らざるをえなくなった、ということであったのかもしれません。

長年の宿敵にして師・信玄の遺臣を召し抱えた理由

すでに一度引いた家康の言葉、「合戦は戦って勝ち、戦って負けるものにあらず。戦わざる以前に勝負の理を知るを良将とす」（『遠江見聞略記』）を今一度、思い出してください。

前述した、武田信玄が合戦に臨む際の基本姿勢としたといわれる『孫子』にある「勝兵は先《ま》ず勝ちて而《しか》る後に戦いを求め、敗兵は先ず戦いて而る後に勝ちを求む」

と、ほぼ同じ意味になります。

桶狭間、三方ヶ原をはじめ度重なる敗戦の経験を経て、ようやく家康が関ヶ原で大勝に至ったのは、これまで経験した合戦での反省を総動員して、戦う前に勝敗の道筋を入念に読み解き、周到な戦略を練り、一戦して必ず勝てる体制をつくり上げて、すべてを誘導していったからでしょう。


織田・徳川連合軍は、信玄の後を継いだ勝頼を、長篠・設楽原の戦いで徹底的に叩いたものの、武田家はかつての輝きこそ失いましたが、なかなか滅びませんでした。長篠以後七年の間、家康の領国は何度となく武田軍に攻められています。

ところが武田家の再興をあせる勝頼は、内政をおろそかにし、戦に明け暮れて領民に重税を課したため、領内には不満が充満していました。

いよいよ武田家もここまでか、と見てとった信長は、一五八二(天正十)年、北条氏《うじ》政《まさ》とも計ったうえで、家康と共同して武田攻めを再開します。

家康は駿府から北上して甲斐を目指しましたが、当の駿府国内では戦う必要はありませんでした。武田家の重臣で駿河国を任されていた穴山梅雪《あなやまばいせつ》が、家康側に寝返ったからです。

まもなく、さしもの武田家も滅亡してしまいました。

北条氏は今のところ、攻めてくる気配はなく、武田氏の本国・甲斐は織田家の重臣・河尻秀隆《かわじりひでたか》が領主となって織田領となり、家康にしてみれば、これでようやく枕を高くして寝られる状況になったわけです。

それにしても、清和源氏の流れを汲む名門・甲斐武田氏の、当主である勝頼の最期は、悲惨なものでした。敗走途中で手勢の兵は次々と脱走して戦列を離れ、ついには男の兵はほとんど残らず、女ばかりになってしまい、天目山《てんもくざん》に追い詰められて一族はみな、自害して果てています。

武田氏が滅亡したとき、家康は信長の目を盗んで、多くの武田家遺臣を召し抱えますが、その様子について、次のような逸話が『名将言行録』に残っていました。

長年の宿敵・武田氏を滅ぼした信長は、勝頼の首を見て、

「お前の父・信玄は、非義不道《ひぎふどう》（父の信虎《のぶとら》を、信玄が駿河に追放してクーデターを起こしたこと）であったために、天罰逃れがたく、今、この様《ざま》だ。

また信玄は一度は京に赴こうとしたと聞いている（上洛戦のこと）。されば、お前の首を京に送り、女子供の見世物にしてくれるわ」

と罵って、勝頼の首を見せしめのため、家康の陣に送ったといいます。

その時、家康は床几に腰かけていましたが、信長から勝頼の首が届いたと聞いて、床几を下り、そばに控えた者に、「ともかく、相当の供養をしたうえで、据えよ」と申しつけ、その首に向かい、こう言ったといいます。

「こうなられたのも、すべて貴殿のお若気《わかげ》のためです」

家康の礼儀正しい言動が、のちにこの話を伝え聞いた甲斐・信濃の武士たちをして、徳川家に心を寄せさせる原因となった、といわれています。

ここにも家康の学びの成果、仇には恩をもって、がよく出ています。これまで長年にわたって、自分を苦しめてきた武田氏――信長の感情にまかせた応対と異なり、家康は恩讎《おんしゅう》（恩とうらみ）を超えた〝和解の余地〟を常に残してきました。

本多正信に示したのと同様の、心の姿勢といっていいでしょう。

人は時の経過とともに、心境を変えるもの。

家康は対人関係の「死地」に幾度も追いつめられながら、人生の出会いと別れ、再会は、すべて自分を人間として成長させてくれるための〝教材〟と考えてきたのでした。彼が言うように、人間、一人ですべてができるわけはありませんから。

信長は武田家の遺臣たちを見つけ次第、ことごとくを処罰したのに対して、家康は彼らを信長に隠れて、自領に招き入れて召し抱え、こう言いました。

「勝頼殿は信玄公の子に生まれられたが、(家を滅ぼしたのだから)信玄公にとっては、敵の子として生まれられたようなものだ。

わしは他人だが、信玄公の軍法を信じてわが家のものとしたので、わしこそ信玄公の子のようなものだ。

各々方《おのおのがた》は、わしを信玄公の子と思って奉公せよ。わしもまた、各々方を大切に思って召し使おう」

家康は、勝頼父子のなきがらを埋めたところに一寺を建立して景徳院《けいとくいん》と号し、田地を寄付し、信長が焼いた武田家の菩提寺・恵林寺も再建しています。

その直後、信長から長年の労をねぎらう名目で「京や堺を見物しないか」との招待を受けた家康は、それを喜んで受けますが、このことが人生最大の苦難になるとは、さすがの家康も想像だにしていなかったことでしょう。

最大のピンチ、決死の伊賀越え

堺見物をしていた家康に、信長が京都の本能寺で、明智光秀によって討たれた、との報が届いたのは、一五八二（天正十）年六月二日のことでした。

遊興気分は瞬《またた》く間に吹き飛び、家康は目の前が真っ暗になったことでしょう。信長がすでにこの世にいない、というショック以上に、自分の生命が危ないという思いからでした。

今いるこの場所は、もちろん家康の領内ではありません。近くに頼りとする信長の重臣でもいればそこに逃げ込めますが、あいにく柴田勝家は北陸、羽柴秀吉は中国、滝川一益《たきがわかずます》は関東と、信長麾下《きか》の有力大名たちは、織田家の方面軍司令官として、すべて出払っており、唯一近くの大坂に四国遠征軍の織田信孝《のぶたか》（信長の三男）を支えて、副司令官として丹羽長秀《にわながひで》がいましたが、信長横死の一報で軍勢はちりぢり、とても頼りになりません。

光秀が今まさに、次の標的として自分を狙っているであろうことは、充分に予測で

この度はご購読ありがとうございます。アンケートにご協力ください。

本のタイトル

●ご購入のきっかけは何ですか？（○をお付けください。複数回答可）

1 タイトル　2 著者　3 内容・テーマ　4 帯のコピー
5 デザイン　6 人の勧め　7 インターネット
8 新聞・雑誌の広告（紙・誌名　）
9 新聞・雑誌の書評や記事（紙・誌名　）
10 その他（　）

●本書を購入した書店をお教えください。

書店名／　（所在地　）

●本書のご感想やご意見をお聞かせください。

●最近面白かった本、あるいは座右の一冊があればお教えください。

●今後お読みになりたいテーマや著者など、自由にお書きください。

どうもありがとうございました。

郵 便 は が き

おそれいりますが
63円切手を
お貼りください。

1028641

東京都千代田区平河町2-16-1
平河町森タワー13階

プレジデント社
書籍編集部 行

フリガナ		生年（西暦） 年	
氏　　名		男・女	歳
住　　所	〒 TEL　　（　　　）		
メールアドレス			
職業または学校名			

ご記入いただいた個人情報につきましては、アンケート集計、事務連絡や弊社サービスに関するお知らせに利用させていただきます。法令に基づく場合を除き、ご本人の同意を得ることなく他に利用または提供することはありません。個人情報の開示・訂正・削除等についてはお客様相談窓口までお問い合わせください。以上にご同意の上、ご送付ください。

<お客様相談窓口>経営企画本部 TEL03-3237-3731

株式会社プレジデント社　個人情報保護管理者　経営企画本部長

きる家康でした。光秀から見れば、信長と長年同盟を組んでいる家康は、必ずや仇討ちに出て来るだろう、ならば先手を打って殺さざるをえない、というわけです。

幸い家康は、少人数の供しか連れていないうえに、京から半日の距離である堺にいる。光秀にとっては、目ざわりな家康の息の根を止める絶好のチャンスでした。

家康が本能寺の変を知ったのは、偶然の出来事からだったようです。

まさにその日の午後、信長と会談する予定でいた家康は、家臣の本多忠勝を先触れとして、京に向けて先発させていたのですが、その途上、〝変〟を家康に知らせようとした京の商人・茶屋四郎次郎と、忠勝がばったり途中で出会ったのでした。

二人はそのまま街道を南下し、家康に急を知らせました。

こうして、本能寺の変の後、わずか八時間ほどで、信長の死は家康の耳に届いたのです。これが不幸中の幸いでした。

一時は「俺はここで腹を切る」とまで気を動転させた家康ですが、家臣たちのアドバイスもあり、正気を取り戻すと、ただちに逃亡の行動に移りました。

このあたり、頭の切り替えの早さも、家康の勉強法の成果といえるかもしれません。

選択肢は一つだけ。一刻も早く、自らの領国へ逃げ帰ることです。

とにかく、三河へ――。

帰国を急ぐ理由は、光秀の軍勢だけではありません。光秀から出るであろう賞金目当てに、地侍《じざむらい》や農民、野盗たちが襲ってくる危険があったからです。

多少目端《めはし》の利《き》く人間なら、光秀のもとに家康の首を持っていけば、多大の恩賞が得られることはわかっていたでしょう。

飢えた狼の群れの渦中にいる家康は、まさに、「死地」のまっただ中――。

問題は自領・三河へのルートです。この時、家康は、信長との会見のため堺を出て、河内《かわち》国飯盛《いいもり》（現・大阪府大東市および四條畷《しじょうなわて》市にまたがる）というところまで来ていました。

一つは堺に戻り、船を仕立てて紀伊半島をぐるりと回り、伊勢湾から三河湾を目指すコース。今一つは、このまま京の南を突っ切って伊賀《いが》国（現・三重県西部）に入り、山道を抜けて伊勢湾に出るコース。

困難がより多く予想される、伊賀越えのルートを家康が選んだのは、幼少期に人質として駿河に送られるはずが、船に乗せられて尾張に拉致された、苦い思い出が甦ったからかもしれません。

船はいったん海に浮かべば、どうなるかわかりません。船頭の思惑一つでどうにでもなってしまいますし、明智方の水軍に襲われれば海の上では、一巻の終わりです。

一方、険しい伊賀越えには、わずかな可能性がありました。

この地は、家臣の服部半蔵正成《はっとりはんぞうまさなり》の先祖の生地でした。

しかし、信長が伊賀攻めを行い、完膚《かんぷ》なきまでに武力で鎮圧したことから、家康を同類とみなして、襲ってくる懸念もありました。

いずれにせよ、絶体絶命のピンチ――家康もまさか、こんな事態になろうとは夢にも思っていませんでしたから、連れていた家臣はごくわずかなものでした。

酒井忠次、石川数正、本多忠勝、榊原康政《やすまさ》、本多重次《しげつぐ》、天野康景《やすかげ》、高力清長《こうりききよなが》、大久保忠佐《ただすけ》、大久保忠隣《ただちか》、服部半蔵――少数でしたが、一面、そうそうたる顔触れ、まさに徳川家臣団のオールスターキャストですが、もし彼らを道中、危機に遭遇して失うようなことになれば、家康が生き残っても、徳川家の屋台骨はたちまち壊滅してしまいます。

色々と考えた結果、家康は陸路＝伊賀越えを選びました。

問題の道程ですが、本能寺の変の当日夜には山城国宇治田原《うじたはら》（現・京都府綴喜《つづき》郡宇治田原町）に着き、翌六月三日には南近江路を通り、近江国信楽《しがらき》（現・滋賀県甲賀《こうが》市信楽町）に至り、四日には甲賀衆、伊賀衆を味方につけ、伊賀越えを果たします。伊賀国白子《しろこ》（現・三重県鈴鹿《すずか》市白子町）より船便にて三河国大浜《おおはま》（現・愛知県碧南《へきなん》市）へ上陸し、無事岡崎城に帰還しました。

「神君伊賀越え」と後世に呼ばれるこの道中で、家康が率いていた兵のうち二百余が討たれたといいます。まさに、命からがらという表現がぴったりの逃避行でした。

家康一行とは別ルートで帰国を試みた武田家の穴山梅雪は、宇治田原で地元民の「一揆」により、生命を落としたことが『信長公記《しんちょうこうき》』に書かれています。『三河物語』は、梅雪が家康と行動を共にしなかったのは、家康を疑ったためだ、と述べていました。

その生涯で、ときに最大の危機と呼ばれたものを、辛《から》くも乗り切り、帰国した家康は、叛臣・光秀を討つべく、六月十四日に京に向けて軍を起こしますが、尾張国鳴海《なるみ》（現・愛知県名古屋市鳴海町）まで来た時、羽柴秀吉が山崎天王山《てんのうざん》（現・京都府乙訓《おとくに》郡大山崎《おおやまざき》町）で光秀を討った、との報《しら》せを受け、自らはそのまま浜松に帰城しました。

帰国して、急ぎ軍を整え、西上するのに、家康は十日かかったことになります。彼が秀吉という男を、次のライバルとして意識するようになったのは、この時からでしょう。

いわゆる、秀吉の〝中国大返し〟は、当時の常識では不可能に思えるものでした。家康は本能寺の変を当日に知りますが、岡崎に帰り着いたのは二日後のことでした。一方の秀吉は、備中高松城《びっちゅうたかまつ》（現・岡山県岡山市）で毛利の大軍と対峙していたので、知らせが届くまで二日かかっており、この時点で両者が費やした時間は、ほぼイーブンです。

そこから、信じられないスピードで、秀吉は軍を旋回させ、畿内に取って返しています。

家康が出陣まで十日の時間を要したのは、慎重な性格ゆえに、万が一にも負けることのないよう、じっくりと準備を整えたからでしょう。

とりあえず今、軍を動かせるのは、織田方にあっては自分だけだ、との思いがあったはずで、この甘い判断が「家康一生の不覚」（?）となりました。

上司・信長を反面教師にした豊臣秀吉（一五三七〜一五九八年）

豊臣秀吉が〝学び〟の対象としたのは、主君・織田信長でした。

ただし、秀吉の偉かったのは、信長をただ崇拝するのではなく、この主君を「反面教師」としても学んだことが、他の織田家の武将たちと命運を分けました。

たとえば、有名な「比叡山の焼き討ち」で秀吉は何を学んだのでしょうか。

この時、信長は天台宗総本山の比叡山延暦寺に対して、総攻撃をかけています。山に火をかけ、逃げる者は女、子どもに至るまで皆殺しにするよう、命令を出しました。この命令を忠実に実行した、同僚の明智光秀は、女子どももも容赦なく殺しました。

だからこそ彼は、比叡山を含む坂本（現・滋賀県大津市）の地を、信長から拝領することとなったわけです。

一方の秀吉は、信長のイエスマン、と思われがちですが、この時、女子どもには「早く、こちらから逃げろ」と言って、囲みから脱出させています（もちろん、信長にバレないように——）。

僧兵は討ち取っても、女や子どもまで殺す必要はないだろう——秀吉は信長に対して、常に健全な批判精神を持っていました。

反対に光秀は、信長のやり方に疑問や不満を抱くことを避け、自らも率先して「焼き討ち」に荷担したのです。

その結果、信長より六歳以上十八歳年上であったといわれる光秀は、信長に命じられるままに活躍し、心身ともに疲れをため、自らは大病を患い、最愛の妻を病で失い、同僚たちの相次ぐ粛清、失脚の中で動転し、ついには息切れを起こしてしまいました。

ストレスが限界に達して、「本能寺の変」という形で暴発してしまったのです。

日本で最初に、天下統一を果たしたのは、信長を反面教師として、冷静に学んだ秀吉でした。

信長が本能寺で討たれた時点で、織田家が支配していたのは近畿・北陸・東海までで、東北、関東、中国、四国、九州には、未《いま》だ強大な敵がいくつも残っていました。

しかし、山崎の合戦で明智光秀を破ってから、秀吉が天下を取るまでに要した期間は、わずかに八年――。

なぜ、そんなハイペースで天下統一が実現できたのでしょうか。

それは、敵を〝許した〟からでした。そこが信長のやり方と、秀吉の根本的に違う点でした。

信長は逆らう人間を、次々と殺して突き進み、しかもその一族郎党まで徹底的に叩き潰しました。

ときには降伏してきた相手さえ許さず、攻め滅ぼしたこともありました。これでは一度敵対した者は、戦いつづけるしか選択肢がなくなってしまいます。

そんな信長のやり方では、一見、快刀乱麻《かいとうらんま》を断つごとく見えても、敵対者のうらみやおそれを買い、天下統一を成し遂げるまでに、かえって長い歳月がかかってしまうことになりました。

仮に〝天下布武〟が成し遂げられたとしても、滅ぼされた者の関係者のうらみは永遠に残ったままとなります。

秀吉は「これではだめだ」と考えました。

ですから彼は、相手が降伏を申し出てくれれば、寛容に受け入れました。

当主に責任をとらせず（切腹させず）、領土もできる限り削らずに済ませ、戦わずに降《くだ》った大名には、逆に領地を増やして与えています。

中国地方を支配していた毛利家や、四国をほぼ制覇していた長宗我部《ちょうそかべ》家は、昔からの領地を安堵され、九州で秀吉に徹底抗戦を構えた島津家ですら、もともと持っていた三ヵ国は削られていません。家康は秀吉に降参して、五ヵ国から八ヵ国（実質は六ヵ国）となりました。

秀吉は、信長がなぜ〝天下布武〟を成就できなかったのかを、近くでよく見て学び、己れの天下取りの参考としたのです。

トップや上司のやり方を見て、自分ならどうするか、と常々考えることは、きわめて重要な勉強です。

「学び」にはすべからく、「守破離《しゅはり》」というのがあります。

上達する過程においては、段々とステージを変えていかねばならない、という教えです。

まずは、基礎を学ぶ「守」――。

教えられたとおりに、やってみる。

そしてある程度、理解できるようになったならば、自分にとってこのやり方が最適かどうかを考える。よりよい結果を出すためには、どうすればいいのかを独自に工夫し、新たに自分なりの創作を加える。これが「破」です。

さらに「離」――これまでの教え、学びから離れる。独自の境地に立つ。

秀吉は、信長という強烈なカリスマの傍《そば》にいながら、武将としてまさにこの「守破離」を体現した、といえるのではないでしょうか。

家康を活かし、家康に活かされた「人材」たち❷

榊原康政《さかきばらやすまさ》 死を賭《と》して秀忠を弁明

（一五四八～一六〇六年）

十六歳の初陣で三河一向一揆の平定に当たり、戦功を立てて、家康より偏《へん》諱《き》を賜《たまわ》って、「康政」と名乗ったこの人の、幼名は小平太《こへいた》。

旗本先手侍大将となってからは、いずれの合戦にも、

「向かふ所、打破らずという事なし」（『藩翰譜』）

という活躍ぶりに加え、大事に臨んではあわてることなく、敏速な行動を旨として、家康の信任はことのほか篤《あつ》かったようです。

のちに家康の世子《せいし》・秀忠付を命じられ、徳川家の正規軍三万八千＝秀忠軍に参加。

結果として、関ヶ原合戦に遅参した際には、死を賭して秀忠の弁明につとめた、といわれています。

筆者は秀忠の遅参を、家康と秀忠の密謀＝徳川正規軍温存策ではなかった

か、と疑っていますが……。

小牧《こまき》（現・愛知県小牧市）・長久手《ながくて》（現・愛知県長久手市）の戦いでは、康政は敵の戦意をくじこうとして、秀吉の織田家簒奪《さんだつ》、不忠不義を檄文《げきぶん》にして、諸軍に触れ回り、戦地に高札を掲《かか》げました。

これを読んで激怒した秀吉は、「康政の首を取った者は、恩賞を望み次第とする」と布令《ふれ》ましたが、戦後、家康との和睦が成った時には、「あの時は怒りに耐えず、汝《なんじ》が首を得て快心《かいしん》しようとしたが、今は主君（家康）に仕うるそちの忠節をうれしく思うぞ」

と言ったとされています。康政には、人間的な魅力があったのでしょう。

一五九〇（天正十八）年、家康の関東入国で、康政は上州館林《じょうしゅうたてばやし》（現・群馬県館林市）十万石を領有。水戸二十四万石を与える、との約束があったとされますが、水戸は江戸から遠く、いざという時に康政の力を借りたい家康は、思いとどまったということでした。

時代はやがて戦国乱世から、無事泰平の治世へ――生涯ひたむきな武人の生き方を貫いた康政は、五十九歳で館林に没しています。

第三章

秀吉からくだされた最高のほうび

五ヵ国を有する大大名となる

凡人には不可能なことを、やすやすと実現する人のことを「天才」と呼びます。信長も秀吉も、ある種の天才でした。しかし家康は、違います。この人は凡人ですが忍耐の人であり、独自の勉強法をもつ人でした。

「天才」信長や秀吉の実際の行動をつぶさに見て、学ぶべきところを学びました。秀吉から学んだのは、「天下の盗み方」そのものです。その手段として肝《きも》に銘《めい》じたのが、〝スピード〟でした。

織田家の方面軍司令官――その一人にすぎなかった秀吉が、あっという間に主家を乗っ取ってしまった首尾は、一見マジックのようですが、事に臨んでスピードを最優先させたことは明らかです。

客観的に見れば、信長の一家臣である秀吉よりも、信長と同盟を結んでいた独立大名である家康のほうが、本能寺の変後、信長の後継者となるべき資格を備えていた、といえるかもしれません。

それにもかかわらず家康は、秀吉に先を越されてしまいました。

光秀討伐に出遅れた悔しい思いは、長く家康の胸の底にとどめおかれたことでしょう。しかし、家康はあわてません。

信長の弔い合戦に間に合わなかった家康は、頭を切り替え、謀臣《ぼうしん》・本多正信らを通じて甲斐に手を突っ込み、残る武田の旧臣たちを掻《か》き集めます。たちまち、三千人が集まったといいます。

武田氏滅亡後の甲斐は、信長の家臣・河尻秀隆《かわじりひでたか》に与えられていましたが、彼は統治に失敗し、甲斐の国人領主に一揆を起こされて殺害されてしまいました。

家康は、領主不在となった甲斐の制圧に乗り出していきます。

甲斐侵攻のかたわら、信濃侵入にも着手して、七月に入ると家康自らも出陣していきます。

これに対し、小田原北条氏の五代目・氏直が、四万余りの兵を率いて信濃国小県《ちいさがた》郡海野《うんの》（現・長野県東御《とうみ》市海野）に陣を進め、信濃の国人領主たちを味方につけ、南下して甲斐に入ってきます。

八月に入り、甲斐・信濃の領有をめぐって北条軍四万（二万とも）と徳川軍一万が若神子《わかみこ》（現・山梨県北杜《ほくと》市須玉《すたま》町若神子）で対陣し、家康は北条軍三百余を討ち取る勝利を挙げました。

戦国時代を先駆けた北条早雲《ほうじょうそううん》（伊勢宗瑞《いせそうずい》）以来、五代に及ぶ小田原北条氏は、関東を制覇した大国でしたが、さすがに誕生時のはつらつとした〝若さ〟がなく、老大国化していたようです。

このときも、戦意を喪失した北条軍は、徹底した戦いをせず、しばし対陣の後、十月になって和議を結んでいます。この時、家康の次女である督《とく》姫と北条氏直の婚儀を約し、両家の同盟が成立しました。

これにより家康は、甲斐と佐久郡以南の信濃を領地に加え、それまでの三河・遠江・駿河と合わせて、五ヵ国を有する大大名へと歩を進めていきます。

四天王の一人、若き井伊直政《いいなおまさ》に武田旧臣百十七人の与力《よりき》をつけたのは、この時のこと（この時、直政は二十二歳）。

武田家には飯富虎昌《おぶとらまさ》、山県昌景《やまがたまさかげ》（二人は実の兄弟）が率いた「赤備え」が有名でしたが、家康はこれにあやかって、井伊家の新鋭部隊を全員朱色の甲冑とし、〝井伊の赤備《ぞな》え〟と呼ばれる最強軍を編成したのでした。

自分に敵対した家臣を懐刀に

三河一向一揆で家康をさんざん苦しめた本多正信が、「帰り新参」で徳川に戻ったのは、大久保忠世に誘いをかけられたから、とすでに述べています。

忠世の子・大久保忠隣は、のちに父同様、二代将軍・秀忠の側近となりますが、後年に正信の差し金で失脚させられてしまいます。

恩を仇で返したともみえます。この正信は家康の謀臣として、ずばぬけた能力をもっていました。

伊賀越えで九死に一生を得た際に、家康は「こいつは使える」と正信を認めた、といいます。

三河武士は忠誠心、結束力、戦闘力に優れているといわれますが、これは家康の勉強法の成果によるもの。元来は視野が狭く、まとまりも悪ければ、華やかな外交や緻密な折衝にも向いていません。

「文句があるなら腕で来い」といったタイプの武人ばかり——。

そこに、広く世間を見てきた正信が帰参し、彼には他の家臣たちにはない能力がある、と家康は気づいたのでしょう。

伊賀越えでは、地元の人々を懐柔するため、金も撒《ま》いたでしょうし、偽情報も流布したでしょう。それらはみな、正信が主動してやったといわれています（『藩翰譜』）。より以上に、もし正信がいなければ、家康は関ヶ原の戦いで勝てなかったかもしれません。

家康は元来、凡庸な武将ですから、ごく平凡で常識的な発想しか持っていません。ある時、正信に天下取りの策を聞かれると、家康は当然のごとく、

「自分以外の四大老（前田利家《まえだとしいえ》、毛利輝元《もうりてるもと》、上杉景勝、宇喜多秀家《うきたひでいえ》）を順番に潰していく」

と答えたといいます。

しかし、正信の頭の中にあるのは、全く違う方法でした。

「そんな悠長なことをしていたら、いつまでたっても、誰が敵で誰が味方なのかわかりません。それよりは敵を炙《あぶ》り出して、一気に叩く手が有効でしょう。

そのためには、手強《てごわ》くとも石田三成を殺してはなりません。三成を生かしておけば、三成憎しでこちらにとっての敵と味方がはっきりいたします。三成をそのまま泳がしておけば、三成が勝手に政局を掻き乱してくれるので、必ず天下が殿の手に入り

ます」

と、進言したのです。

正信は長い放浪生活の経験上、一丸となった組織は強いけれど、内部で相互に不信感を持つ組織は案外と脆《もろ》いことを、よく知っていました。

そして、豊臣家の文治派の代表である三成が、多くの武断派の武将たちに蛇蝎《だかつ》の如く嫌われていることも、よく理解していました。

秀吉の発案、決断とはいえ、朝鮮の役《えき》の前線で必死に戦っている武断派の武将たちを、三成は充分にねぎらうこともなく、終始横柄な態度で接し、秀吉への報告は讒言《ざんげん》といってもいいぐらい、悪意を含んだもの（もちろん、武断派からみて）だったからです。

家康は正信の進言を容《い》れ、武断派の面々が三成へ向ける愚痴を丁寧に聞いてやり、三成との対立軸づくりに応用しました。

やがて三成は、秀吉の死後、豊臣家乗っ取りを企てる家康打倒に立ち上がり、事は家康の描いた絵図通りに進行していきます。

家康の人使い＝「学び」のうまさの真骨頂でしょう。自分の思いつかぬことを進言してくれる正信を、家康は存分に使い切りました。離反して一揆軍の軍師となり、長く反抗し続けてきた元家臣を許して、自らの側近とし、ここ一番で登用するなど、なかなかできることではありません。

家康の、自分という凡庸な人間の、限界を知った勉強法のおかげでしょう。

信長の遺児の不満を利用して存在をアピール

さて、話を本能寺の変の仇を山崎で討った秀吉に戻します。

論功行賞で発言権を得た秀吉は、本能寺の変で信長と運命を共にしたその嫡子・信忠の遺児である三法師を、織田家当主とすることに成功しました。次には織田家重臣トップの柴田勝家を賤ヶ岳の戦いで破り、勝家と組んでいた信長の三男信孝を、二男信雄《のぶかつ》を唆《そそのか》して切腹に追い込み、織田政権簒奪《さんだつ》の意図を次第に顕《あら》わにしていきます。

秀吉のこの威勢に対し、家康は決断を迫られていました。

秀吉に忠誠を誓ってその傘下に入るか、それとも一戦におよび、雌雄を決するのか、という重大な選択です。

前者を選択すれば、ここまで築いてきた領土は安堵されるでしょう。あるいは一部を取り上げられるかもしれませんが、少なくとも生き残れる可能性は高いでしょう。

しかし、それでは秀吉の気まぐれで、いつどのような無理難題を突きつけられ、討伐の口実とされないとも限りません。家康はその点を、信長に学習していました。

かと言って、後者を選択しても勝ち目は少なく、敗北すればすべてを失うことは必定です。この時点で家康は、秀吉に勝ち、秀吉にとって代わって天下統一を推進したい、とは考えていませんでした。

要は、自領を保全し、一方で強大化した秀吉、そしてそれに従う大名たちに、自分の実力のほどを認識させ、自身の存在をアピールしたい、と考えていたのです。

そのうえで手打ちとなれば、秀吉に冷遇されることもないはずです。

であれば、秀吉と一戦交え、完勝することは難しくても、やすやすと敗北せず、局地戦で一矢報いることができれば、御《おん》の字です。何かよい手立てはないものか――。

家康は慎重に、様子をうかがっています。

常に実直で常識的な考え方をする家康が、ひとまず出した解答は、まずは秀吉の軍勢と対峙《たいじ》し、軽く一勝するか、さもなくば戦うことなく持久戦に持ち込み、そして世の中の空気が変わるのを待つ、というものでした。

そのためには、長期戦に持ち込んで、しばらくの間は、秀吉と互角に構えてみせなければなりません。北条氏とは同盟を結びましたが、これだけでは秀吉に太刀《たち》打ちできません。

誰と組むべきかと考えを進め、一人の武将の名前が浮かびます。信長の次男・織田信雄でした。この年、二十五歳のこの若者は、器量は十人並み以下ですが、その分、虚栄心と権力欲は人一倍旺盛でした。

柴田勝家と組んだ信長の三男・信孝は、賤ヶ岳の戦いの後、正確にいえば、秀吉と組んだ信雄によって、切腹へと追い込まれたのです。

家康もまた、亡き同盟者・信長の正統な後継者として信雄を擁立するのが筋であるとの考えを持っていました。なにより信雄は、秀吉ほどに手強い相手ではありません。かねてより信雄と接触をつづけ、家康は信雄におりにふれて自分の意見を語っていました。

家康が信雄に目をつけたもう一つの理由は、清洲城を居城として尾張・伊賀・南伊勢に、彼が百万石を領有する大大名だったことです。

信雄と組めば、双方合わせて約二百四十万石となります。畿内を中心に北陸、中国など二十四ヵ国に覇を唱え、六百二十余万石を領有する秀吉と、真っ向勝負は無理ですが、同盟を結んでいる北条氏直の領地も加算すれば、しばらくは戦局を維持できる目途はつきました。

一五八四（天正十二）年正月、秀吉は織田家相続人と決まった三法師ともども、清洲城で、諸大名の年賀の挨拶を受けていますが、信雄の許には出向きませんでした。

形式上とはいえ、信雄はあくまで秀吉の主筋です。それを承知で挨拶に来なかった秀吉に、信雄は激怒しました。

しかし、秀吉のこの行動は、信雄の虚栄心や権力欲を利用し、暴発を誘うための挑発であったのです。信雄配下の四家老のうち三人までを籠絡《ろうらく》し、それをあえて残りの一人の家老によって信雄に知らしめ、三家老を信雄の手で始末させる。そのうえで信雄は、愚かにも佞臣《ねいしん》の虚言を信じ、織田家忠臣三名の命を奪った不届き者である、との名目で討伐する、というのが秀吉の手の込んだ謀略だったのです。

秀吉が、自分を討伐するために尾張に兵を進めようとしていると聞き、信雄は恐れおののいて、信長恩顧の武将たちに援軍を要請しましたが、今や飛ぶ鳥を落とす勢いの、秀吉の威勢を恐れて、信雄に味方しようという武将は一人もいませんでした。

結果として、彼は家康に泣きついたというわけです。

内心、家康は信雄の愚かさに呆れ果てたでしょうが、信雄の救援要請の使者の到着を聞き、その場にいた家臣たちに、こう語ったといいます。

「秀吉は今、その権力といい、名声といい、誠に盛んだが、もとをただせば信長殿の抜擢によって今のような身になった。

それにもかかわらず、旧恩を忘れ、旧主の正しい子孫を討伐しようと謀るのは、恩に背き、義理を欠いた行為である。

また、信長殿の恩顧を受けた者どもも、今さら信雄を見放して秀吉に荷担するのは、時の流れに従う習わしとはいえ、信義のない者たちだ。

私は、信長殿ご在世中は、堅く約束しあったこともあるので、今その子が困っているのを見て救わないというのでは、武士の本意ではない」

そして、信雄の使者に向かって、

「使命の趣《おもむき》は承《うけたまわ》った。秀吉が攻め寄せると聞けば、いつでも速やかに手勢を召し連れてお味方に参《まい》る所存です。私さえお味方に参れば、秀吉がいかに大軍を率いていようとも、少しも恐れる必要はありません。一切ご心配は無用です」
と伝えました。

信雄との連合だけでは、内心、苦戦が予想される家康は、北条氏を東の守りとし、加えて四国の長宗我部元親、紀州の根来《ねごろ》・雑賀《さいか》党にも働きかけ、さらに秀吉に反感を抱き続けてきた、織田家の旧臣で越中富山城主・佐々成政《さっさなりまさ》へも使者を派遣して、西・南・北の備えを強固にしました。

しかし秀吉は、この家康側の包囲陣をさらに壮大な包囲網で、あっさりと覆してしまいます。

越後の上杉景勝と同盟して、越中の佐々成政を牽制し、西の構えは四国阿波の三好氏と中国の毛利氏を動員。東の端は、伊達政宗に受け持たせました。

小牧・長久手の戦いが収束した後、家康はこれを知って愕然《がくぜん》としたといいます。

同時に、おそらく秀吉のこの外交戦を暗記でもするかのように、懸命に自らの勉強法に取り入れたのでしょう。

その活用が、のちの関ヶ原合戦における外交として、結実していきます。

「先手を打ったほうが負け」秀吉と家康の我慢比べ

一五八四（天正十二）年三月、事態は急に動き始めます。

三月十三日、家康は尾張へと進み、清洲城で信雄と合流し、軍議を練りました。軍議の場では、美濃大垣城主で、信長とは乳母を同じくする乳兄弟《ちきょうだい》で、織田家では格別の地位を占めていた池田恒興《つねおき》を、味方に引き入れる策などが話し合われました。しかし、恒興にはすでに、秀吉の微に入り細にわたった調略の手が伸びていました。戦勝の暁には、美濃・尾張・三河の三ヵ国を与える、と約束したといいます。実際、この直後に恒興は秀吉方につき、独力で信雄・家康方の犬山城を攻め落としています。

このあと家康は、小牧山城に進んで堀を深くするなどの修復を施して本陣とし、尾張羽黒《はぐろ》に陣を進めてきた秀吉方の恒興、その娘婿の森長可《ながよし》らの部隊と激突します。「羽黒の陣」と呼ばれるこの戦いでは、家康の先鋒である酒井忠次、奥平信昌らが迎え撃ち、恒興・長可軍は三百余の犠牲者を出し、ほうほうの体《てい》で犬山城に逃げ帰りました。

この時期、秀吉本人は、まだ大坂にいて、「自分が着陣するまでは手出しは無用」と厳命していましたが、なにぶんにも秀吉軍は混成部隊であり、秀吉と恒興の関係も、上下関係ではなく、いわば元同僚のようなもの。

恒興は、秀吉による莫大な恩賞の約束によって、功名心を刺激され、すでに独力で犬山城を攻略して気をよくしていました。

たとえ秀吉の軍令を無視しても、「なに、攻め取れば、秀吉とて、よもや怒ることもないだろう」と、高《たか》を括《くく》ってもいたのでしょう。

秀吉の本隊が到着しなかったのは、家康の「遠交近攻策《えんこうきんこうさく》」が功を奏したからでした。家康と連携して蜂起した根来・雑賀の一揆が、和泉岸和田城を襲ったため、その鎮圧に手間取り、秀吉は畿内を動けずにいたのです。

羽黒での敗戦の報を耳にした彼が、大軍を率いて犬山城に三月二十七日に入りました。秀吉は家康本陣＝小牧山とは二キロ余りしか離れていない、楽田《がくでん》に陣を張ります。

すぐさま家康側の野戦陣地を偵察に出た秀吉は、一望して、家康の野戦陣地が、信長がかつて武田の騎馬軍団に対抗するために考案した、陣形そのままであることに気がついたことでしょう。

「あの人真似《ひとまね》男め――」

秀吉は舌打ちしたかもしれません。

ならば、と家康の小牧山陣地に対抗して、秀吉は直ちに二重堀《ふたえぼり》、田中、小松寺、外久保山、内久保山といった要所を連環するように砦を築き、空前の大野戦陣形を構築しました。

これを眺め見て家康は、その広大な陣形に身震いしたかと思います。が、負けるものかと、野戦陣地の延長・拡大策をとり、こちらも持久戦の態勢をとりました。

秀吉も家康も、先に仕掛けたほうが負けるとみており、秀吉側がときおり挑発のための小部隊を前進させても、家康軍は決して馬防柵より前には出ようとしませんでした。

家康陣営でも、攻撃を献策する家臣は少なからずいましたが、家康はそれを許しませんでした。秀吉軍が我慢比べに業を煮やし、立ち上がるのをひたすら待っていたのです。

後年、秀吉と家康が、このときの胸の内を垣間見せる会話を交わした、との記録が残っています。

秀吉が、「先年、小牧のときは、攻めかかってこなかったな」と言うと、家康は、

「そのとき家臣どもが、みな戦《いくさ》をするように勧めましたが、わたしは小牧から兵をこちらに引きつけて撃とうと思っていましたので、攻めかからなかったのです」

と答えました。

それを聞いた秀吉は、手を打って感嘆し、

「私も二重堀が破られれば、小松寺から大勢をくりだして戦えば、必ず勝てると思っていた」

と応じたというのです。

秀吉も家康も同じように、持久戦となると考え、しかも先手を打ったほうが負けると読みながら、自軍が勝てると考えるタイミングを読み切り、勝負どころが訪れるのを、ひたすら待ち続けていたのでした。

優れた武将同士が己れの誇りと面子《メンツ》を賭けて、この一戦に向き合いながら、内実、互いに相手に敬意を表して戦っていた様子が、垣間見えます。

互いににらみ合ったままの秀吉と家康でしたが、そうするうちにも一方の秀吉陣営では小さな波風が立ち始めます。

秀吉陣営は十万の大軍を擁しているのに対し、家康・信雄軍はせいぜい一万六千から七千です。圧倒的な兵力差がありながら、なぜ、家康側をひねりつぶさないのか、という不平・不満が、秀吉陣営の諸将から次第に強く出てきたのは、当然の成り行きであったでしょう。

とりわけ焦っていたのは、先の「羽黒の陣」で秀吉の厳命を破り、独断専行して一敗血にまみれた池田恒興でした。

恒興は、自分の名誉挽回に血眼となり、娘婿の森長可、息子の元助《もとすけ》と相談し、全体の戦局もわきまえずに、突飛きわまる作戦を立案し、秀吉に進言しました。

自身を総大将とする別働隊を編成し、密かに陣地を抜け出て戦場を大きく迂回し、敵将・家康の本拠地である三河岡崎城を攻めると言い出したのです。

家康が動揺して兵を返せば、秀吉の主力軍がこれを追撃するという作戦でした。

「これは、〝中入り〟そのものではないか」

秀吉は内心怖気《おじけ》づきながら、恒興の作戦計画を聞きました。

中入りとは、敵の最前線を避け、迂回して後方の手薄な部分を奇襲して破り、敵の全軍を壊滅に導く戦法のことです。

かつて上杉謙信や織田信長が、この戦法をたびたび用いて、華々しい戦果を挙げたことから、この時期、武将の間では、ずいぶんともてはやされていたといいます。

ですが、この戦法はよほど勘のいい戦闘指導者と、実戦を熟知する将兵に恵まれて、しかも、敵将が凡庸であってはじめて、可能となる難しい戦法でした。

実際、先の賤ヶ岳の一戦でも、柴田勝家の甥・佐久間盛政が功を焦り、秀吉軍への中入りを進言しています。勝家に反対されたにもかかわらず、強引にそれを実施したために盛政は敗れ去り、勝家も巻き込まれて滅亡してしまいました。

中入りの困難さは、誰よりも勝家と戦った秀吉のよく知るところであり、秀吉にすれば勝家の二の舞など、真っ平御免でした。

しかし、恒興は秀吉の家来ではなく、友軍の立場にあって、家柄や実績からも織田家では、秀吉の上席にあった人物です。

もし、言下にこの愚策を否定しようものなら、恒興の機嫌を損なうばかりか、すでに一度の敗北で、尾張、美濃、三河を与えるとの秀吉の恩賞の実現も難しくなっている時でもあり、焦った恒興が家康方に寝返らない、とも限らない状況です。

秀吉は反対しますが、恒興は自分の提案に執着し、執拗に食い下がります。

総大将の秀吉は不覚にも根負けしてしまい、折れて恒興の策を採用してしまいました。恒興の兵力六千、森長可三千、堀秀政三千、秀吉の甥・羽柴秀次八千、総勢は家康・信雄連合軍の総数を上回る二万の奇襲部隊が、四月八日の夜半、楽田の陣地を後にしたのです。

しかし、家康が放っていた忍びは、この巨大な一軍を決して見逃しませんでした。前日の七日に動静を通報していますが、秀吉の戦略眼はそのように愚かではない、とみる家康は、はじめ容易に信じようとしませんでした。

それでも、万一ということがないとはいえない、と改めて間諜《かんちょう》をその方面に放つと、敵の別働隊が長久手を経由して、三河に入ろうとしているのが確認できました。

八日早朝、家康はまず先発軍四千五百を、敵別働隊の進路途中にある小幡城に入れ、自身は信雄を語らって、小牧山本陣を空同然にし、密かに出撃。

小幡に入城して、待ち伏せの態勢を取りました。

やがてそこに、秀吉軍別働隊が進軍してきます。

翌四月九日、秀吉軍別働隊は急追してきた家康軍先発隊に、背後から攻撃を受けました。狙われたのは、全く武将としてのセンスのない秀次でした。前方を進軍していた恒興、長可の部隊が取って返して、徳川軍先発隊をいったんは撃退しますが、家康が率いる本隊に攻め立てられ、挟み撃ちされる形で総崩れとなり、恒興―元助父子、長可は討死、辛くも軍を立て直した堀秀政は、秀次の軍を庇《かば》いつつ戦線を離脱するのがやっとのありさまでした。

秀吉が、別働隊壊滅の報を聞いたのは、その日の昼頃です。急遽、家康・信雄連合軍を捕捉・殲滅《せんめつ》すべく全軍を投入。自ら二万の兵を率いて出撃しましたが、日暮れになったので、小幡の城攻めは明朝と決め、やむなく龍泉寺川原に夜陣を張りました。

家康は夕刻、小幡城に入り、ここで敵の動向を見極め、攻め寄せてくればこの城で防戦しようと考えていましたが、間諜より秀吉軍が総力を挙げて進軍中と伝えられ、この城では防ぎきれないと判断して、夜半になって急ぎ小牧山に帰陣しました。

一方の秀吉は、翌朝に出した斥候《せっこう》が、家康は早くも夜のうちに、本多忠勝を殿《しんがり》にして、小牧山へ兵を引き上げた、と報告すると、

「なんと、花も実もある名将であろう。鳥黐《とりもち》（小鳥や虫などをとるのに使うねばねばしたもの）でも網でも取れぬ家康だ。私も家康を相手にしているうちに、万事（とらえる）功者になろう」

と言って、兵を楽田に戻したといいます（『名将言行録』）。

また、秀吉は帰陣してから、諸将に向かい、

「長久手で家康の働きぶりを見たが、敵にしても味方にしても、あれほどの名将は、これから先も日本には出てこないだろう。

このたびは勝利を失ったが、海道一の家康を、将来、長袴で上洛させることにしよう。その秘策は（すでに）この胸中にある」

と、上機嫌で述べたといいます。おそらくはハッタリ、演出であったのでしょう。

局地戦で勝ち外交で負ける

常識的な感覚からすれば、大軍を擁する秀吉が、小幡を経由せずに、一気に小牧山へ殺到してもおかしくはなかったはずです。なぜ、彼はそうしなかったのか――。

秀吉が総攻撃に踏み切れば、一時的な勝利は得られるかもしれません。

しかし、決定的な段階を迎えるまでには、なお、さらなる歳月が必要となります。

天下にはまだ、群雄が割拠していました。秀吉と家康の対決は、漁夫の利を狙う他の大名たちの決起を促し、気づいた時には秀吉が獲得した、輝かしい〝勢い〟が、いつの間にか消滅していた、ということにもなりかねない状況でもあったのです。

己れの感情や体面を押し殺すのは、とても難しいことです。地位や名誉があればあるほど、なおさらです。

しかし、苦労を重ねながらここまではい上がってきた秀吉には、一時の激情がどれほどやっかいな連鎖反応を示すものか、身に沁みてわかっていたはずです（もちろん、学習してきた家康も同様です）。

秀吉が敗戦の屈辱から、兵力を駆使することなく立ち直るには、相手の家康をほめたたえ、己れをそれに勝る「大気者《たいきもの》」とみせるよりほかに術《すべ》がなかったのでしょう。

五月一日、秀吉は堀秀政に楽田城を、加藤光泰に犬山城を守らせ、自身は二重堀の陣を撤収し、同月二十一日には大坂へ舞い戻っていきました。

家康はいつのまにか、敵将を面前に失ってしまったのです。

一方の家康は、のちの小田原の役の前に、このおりの長久手の一戦の後、秀吉軍が龍泉寺川原に夜陣を張ったことを知りながら、速やかに小牧山まで兵を退いた決断について、重臣たちにこう尋ねました。

「長久手の一戦の時、われらは昼の戦に勝ち、速やかに小牧山まで退いた。秀吉は二重堀の陣から、一戦の覚悟で馳せつけてきたが、日暮れになったので、小牧山の城攻めは翌日とし、その夜は龍泉寺の川原に野陣を張った。

その時、夜討ちをしかけるようにと、そちたちが勧めたが、私はそれを聞き入れず、その夜のうちに小牧山に引き上げた。そちたちは、その夜しかければ勝つこと間違いなし、と思ったのか」

と。小牧山まで退くとき殿を務めた本多忠勝は、次のように答えました。

「井伊、榊原は昼の一戦で戦いましたが、私は小牧山の留《る》守《す》居《い》役をつとめていたので、この一戦で戦っておりません。ひとしお夜討ちしたい、と思っていました。しかし、秀吉を討つということまでは、考えておりませんでした」

井伊直政と榊原康政も、同様のことを発言しました。

それを聞いた家康は、彼らの顔を見渡して、こう言いました。

「いかにも、その通りであろう。あの時、夜討ちをかければ必ず勝つとは思っていた。しかし、たとえ勝ったとしても、万が一にも秀吉を討ち漏らすようなことがあっては、大変なことになる。だから聞き入れなかったのだ。

なぜなら、秀吉は天下統一の大功をたてようと望んでいる人だからだ。

秀吉軍は十万の兵、こちらは信雄と合わせて三万にもならない。この劣勢をもって、大軍と戦うだけでも武人の名誉である。

しかも昼の一戦に勝ったとあっては、これだけでもう十分だろう。これでこの一戦を仕掛けた目的は、達成したと思ったのだ。

さらに夜襲に勝って、しかも秀吉を討ち漏らしでもしようものなら、秀吉は負けたことを憤り、天下を取ることよりも、まず徳川を潰すことが先決だ、と考えよう。そうなれば、互いに無益なことだ、と思いいたったわけだ。〈後略〉」（『名将言行録』）

家康は秀吉の天下統一の志に、敬意を持つと同時に、この一戦で自らの存在を、秀吉や天下に広く印象づけるとの目的は達せられた、と考えていたのでした。

その後、単発的な小競り合いはあったものの、戦況は膠着《こうちゃく》したまま。

八月に入って秀吉は、ようやく戦術の転換に踏み切りました。

家康と合戦で決着をつけることをあきらめた秀吉は、矛先を織田信雄に定め、信雄の領地のうち、半分にあたる伊勢、伊賀を奪い、信雄に戦意を喪失させ、そもそも自分が家康に支援を求め、家康と同盟を結んで立ち向かった戦であったことも忘れたかのように、家康に一言の相談もせず、単独で秀吉との和議を結んでしまいます。

そのため、同盟者であった信長の子を助けるとの大義名分を失った家康も、秀吉に第二子・義伊《ぎい》（のちの結城秀康《ゆうきひでやす》）を養子に差し出して、講和を結びました。

秀吉は家康との講和を済ませると、これまでさんざん苦しめられてきた紀州の根来・雑賀党を押しつぶし、かつて信長が比叡山延暦寺を相手にした時と同様に迫り、高野山金剛峯寺《こんごうぶじ》の武装を解除させ、海を渡って四国をまたたく間に平定します。

秀吉の「勢い」は衰えるどころか、小牧・長久手の敗戦という事実をも葬り去った感がありました。

一方家康は、確かに小牧・長久手の戦いには部分的に勝利しましたが、天下統一という政治的・外交的な大きな枠組みの中では、明らかに秀吉に及ばなかったのです。

しかし家康は、この一戦で多くのものを失いながら、同時にそれに倍加する得難い教訓を多数学んだことは間違いなかったかと思います。

鉄の結束といわれる徳川家臣団の本当の姿

一五八五（天正十三）年十一月、家康は再び秀吉によって、大きな恐怖を植え付けられる事件に遭遇《そうぐう》します。

酒井忠次と並ぶ重臣の石川数正が、妻子や家来を引き連れ、秀吉のもとへ出奔《しゅっぽん》したのです。

徳川家の軍制は「三備《みつぞなえ》」といい、三河を東西に二分して、東三河は酒井忠次を「寄《より》親《おや》」に一軍を設け、西三河は石川家成《いえなり》（数正の叔父）を「寄親」とし、一軍を編成。さらに家康自身がこれとは別に、本多、榊原、大久保らの党派を直轄軍として従える、というものでした。

いわば、家康は徳川軍の三分の一ずつを、酒井忠次と石川家成に任せていたのです。

酒井、石川の両家は、本来、徳川（松平）家と変わらないほどの力を有する家で、家成の母は家康の母と姉妹であり、家康とは従兄弟の間柄で、三河一向一揆で家康側の武将として奮戦し、平定に尽力した功績で、三備の一方を預かることとなりました。

その後、その地位を甥の数正に譲ったのは、石川家の直系がそもそも、家成の異母兄の康正（数正の父）であり、その康正が三河一向一揆のとき、一揆側に荷担したため、家成が一時的に石川家を継いでいたことによります。

生年不肖の数正は、一説に家康より九歳年上といわれ、今川家での人質生活に従って以来、家康の片腕として、桶狭間の戦いをはじめ数々の合戦に出陣する一方、信長との同盟、駿府にとらわれていた築山殿―信康母子の救出など、軍功だけでなく外交面においても、目覚ましい活躍を見せてきました。

幼少期から他人の中でもまれてきただけに、人の心の表裏に敏感で、自身の目で確かめない限り、何ものをも信じない、という猜疑心《さいぎしん》の強い家康も、この数正だけは別格に信頼していたのです。

その数正の逐電を、浜松で知った家康は、なかなかその事実を信じようとしませんでした。

なにしろ数正は、徳川家の内政・外交の要《かなめ》であり、その重臣に理由はどうあれ、裏切られたのですから、徳川家にとってはその傷の大きさは計り知れません。

家臣団の動揺も甚だしく、相互に猜疑心が生まれ、反目《はんもく》し合って家中は騒然となりました。

そして、数正が敵方に出奔しては、味方の軍事戦略が敵方に筒抜けになり、今後は秀吉との一戦は、これまで以上に難しくなるだろうと、誰もが心配しました。

野球で味方のサインを、ことごとく敵に知られたとお考え下さい。

そうしたなかで家康は、つとめて感情を自身の全身から消去するように心がけ、怨恨や憎悪、猜疑といったものを一切捨て去り、逃亡した数正にすら再会の思いを残し、残る家臣たちをこれまで以上に信じ抜こうと努めたのです。

まず、甲斐の都留《つる》郡代となった鳥居元忠に命じて、信玄時代に出された軍法の書き付け、武器や兵具を国中に触れて取り集め、浜松に運び入れるように命じました。

奉行は成瀬正一《まさかず》、岡部正綱《まさつな》の両人、総元締めは井伊直政、榊原康政、本多忠勝の三人が立ち会って吟味しました。

加えて、井伊直政につけていた武田衆に対して、信玄時代のことは何でも申し述べるように、との指示も出しています。

家康は、これらをもとに、徳川家のそれまでの軍事組織を武田流に改め、これまでの三備をより細分化して六備に改め、軍団長の権限を抑え込むと同時に、家康直属の常備軍を三組に編成し直しています。

甲信両国の将兵を加え、徳川軍の動員兵力は、馬上の将士から足軽までを入れると、四万五千人と大幅に増強されました。

小牧・長久手の戦いで和睦を結んだあとも、秀吉は家康に対して、さまざまな形で、臣下の礼を取るように、と働きかけてきました。

先に二男・義伊を養子という形で秀吉に差し出した後も、家康の使者として交渉に当たっていた石川数正の子を、人質に出すようにと迫り、これは家康に拒否されています。

その直後に、数正が出奔しているところから、この決定と数正の出奔との間に関係があったかもしれない、と考えている研究者は少なくありません。

もっとも、数正の出奔については、直後の十一月十九日までに秀吉が、「家康成敗」を決断していたことから、主君家康に臣下の礼を取らせるべく――家康の滅亡をくいとめるために――数正が打った大芝居、との見解もなくはありません。筆者は実のところ、そうではないか、と思ってきました。

明けて一五八六（天正十四）年に入ると、秀吉は織田信雄を使って、さまざまな方法で家康を、臣従させようと試みます。

家康は拒みつづけますが、四月に入ると、秀吉は実の妹・旭姫《あさひ》（朝日姫とも）を家康の正室として差し出すと公表。家康はこれを受け入れ、五月十四日に浜松で祝言が行われます。

さらに、この年の十月、秀吉は妹・旭姫の見舞いとして、生母の大政所《おおまんどころ》を家康の許に送る、との書状を出しました。

ここまでされては、いかに用心深い家康も、臣従の挨拶をしないわけにはいきません。家康は上洛を決意しますが、この時、酒井忠次以下、主だった家臣たちは、

「こうなった以上、秀吉殿と敵対の仲となってもいたしかたありません。とにかく、上洛は思いとどまってください」

と、こぞって反対しました。すると家康は、

「わたしが上京しなければ、秀吉との仲は必ず断絶する。そうなれば、秀吉は全力で攻め寄せてくるだろう。皆が善戦したとしても、家臣にも領民にも大きな犠牲が出ることは必定だ。しかし、私一人が（最悪）腹を切れば、みなの生命を助けることができる。それが

私の役目だ」

と言って、家臣たちを納得させたといいます（『名将言行録』）。

この年の十月二十四日に上洛した家康は、二十七日に大坂城で秀吉に拝謁しています。ようやく家康を組み込めた秀吉は、十二月、太政大臣となり、「豊臣」の姓を後陽《ご よう》成《ぜい》天皇（第百七代）より拝領（前年九月も説もある）。関東・奥羽の諸大名に、戦闘行為の停止＝惣《そう》無《ぶ》事《じ》令《れい》を出しました。

小田原でもなく鎌倉でもなく、なぜ家康は江戸を選んだのか

一五八七（天正十五）年の九州征伐につづいて、一五八九年十一月、秀吉は北条氏に宣戦を布告。一五九〇年四月、秀吉は二十万の大軍で小田原城を包囲し、三ヵ月後、北条氏直は秀吉に降伏、小田原は開城にいたります。

氏直の父・氏政は切腹、氏直は家康の娘婿であることから、高野山に追放され、北条家は事実上、ここに滅亡し、関東を治める大大名はいなくなってしまいました。

秀吉は小田原から、そのまま下野《しもつけ》宇都宮城（現・栃木県宇都宮市）に入城、関東、奥羽

の大名たちを宇都宮に出頭させ、彼らの所領、処遇を改めて決定します。

ここに、秀吉による天下統一が事実上、実現しました。

「奥州仕置」より少し前、家康に対し、秀吉から「ほうび」として思いもよらぬ提案がありました。これまでの所領、東海・甲信五ヵ国（駿河、遠江、三河、甲斐、信濃半国）を召し上げる代わりに、北条の旧領であった「関八州」を与えるというものです。

それまで家康の領地は五ヵ国（実質は四ヵ国半）百万石程度でしたが、関東に移れば、領地は一気に二百五十万石を超え、秀吉に次ぐ大大名となります。

しかし、「関八州」といっても、関東八国がすべて家康の領地になるわけではありません。常陸《ひたち》には佐竹氏、安房《あわ》には里見氏、下野には宇都宮氏、皆川氏、那須氏らの領地があり、実際は武蔵、相模、上総《かずさ》、下総《しもうさ》、上野《こうずけ》の関東五ヵ国に伊豆を加えた六ヵ国でした。

それ以上に問題なのは、徳川氏は草創期より三河に蟠踞《ばんきょ》し、東海地方に根を張ってきた一族であるということです。

なじみの深い土地からいきなり引きはがされ、見ず知らずの地へ移れとは、それにしても無茶な話です。父祖の地・三河を離れると聞いて、家臣たちの多くは、当然のことながら移封に反対しました。

なかでも足軽衆の反対が強かったのは、縁者に農民が多かったからです。いくら兵農分離が進んでいたとはいえ、人々は土地にしばられて生きてきました。丹精込めて田畑を耕し、開墾してきた故地から、一族もろとも引きはがされるのは、いくら領土の面積が増えるとはいえ、当時の人々の納得できることではなかったでしょう。

これは、秀吉の、家康に対する挑発だったかもしれません。家康がノーと言えば、秀吉に力ずくで家康を滅ぼす口実を、与えることになります。

——前例がありました。

小牧・長久手の戦いで、家康と同盟を組んで秀吉と戦った織田信雄は、家康が関東に移ることを命じられたとき、家康が出ていったあとの領国五ヵ国に移るように、と秀吉に命じられましたが、これを拒否したため、追放されています。

ここでも家康に、選択権はありませんでした。

家康は、家臣たちをこう諭《さと》して言います。

「領地が今より百万石以上増えるなら、奥州でもどこでもよいではないか。そんなに心配することはない」

と。領地が増えれば、家臣を大勢召し抱えることができます。上方《かみがた》で天下が揺らげば、大軍を連れて攻め上《のぼ》ることもできるではないか、と家臣を説得したのです。

こうして家康は関東への国替えを、自らにも納得させました。

まず最初の課題は、新領地の本拠をどこに置くかでした。

常識的に考えれば、当時、最も栄えていたのは北条氏の首府・小田原――ここであったかと思います。

街道と海に面し、交通も至便。箱根の大防壁に守られて、外からは攻められにくい。そしてなにより、落城そのものを免れた難攻不落の巨城・小田原城がほぼ無傷で残っています。

けれども秀吉は、小田原よりも東にある江戸がいい、というのです。

なるほど、家康が新しい領主として関東に入ったとき、小田原は西の端にあり、関東全体に自らの威令が届きにくい、との問題もありました。

今一つの候補、鎌倉――三方を山に囲まれ、前方は海という、防衛上これ以上はない条件に恵まれています。かねてより家康が尊敬していた、鎌倉幕府を創設した源頼朝ゆかりの地でもありました。

しかし秀吉は、将来性という点で鎌倉ではなく、江戸を薦めたといいます。一方の家康も、小田原落城前に、当時、北条氏の支城であった江戸城を受け取りに家臣を遣わしています。実際に江戸を訪れたことがなくとも、家臣の報告を聞いて、江戸には小田原や鎌倉にない将来性がある、と感じていたのかもしれません。

ですが、家康が入府《にゅうふ》を決意した当時の江戸は、ひとことで言えば人家もまばらな寒村で、大河・利根川が現在の群馬県みなかみ町付近からそのまま南下し、蛇行を繰り返して、今の東京湾に注いでいました。

関東平野の南部全域が水はけの悪い、一面の湿地帯で、安心して大集落を形成できる環境ではありませんでした。

名将・太田道灌《どうかん》が築いた小城の跡と、平将門《たいらのまさかど》の首塚があるという程度の、荒涼とした未開の地だったのです。

利根川のトネは、アイヌ語のトゥ（湖）、ナイ（川）がなまったものとも言われます。江戸は利根川の広大な氾濫原《はんらんげん》で、足場の悪い沼のような土地だったのです。

しかし、利根川をはじめとした大小の河川を修復し、水回りを整備すれば、広い後背地に恵まれた土地となり、少なくとも米は穫れます。

家康はまず、そこに光明を見出したようです。

なにしろ、江戸城の前はすぐ浜辺で、入江は現在の大手町あたりまで広がっていました。このあたりは、日比谷入り江と呼ばれていましたが、これを整備すれば物資を外海から、船運で江戸城に搬入するには便利であり、戦時には船で出撃するための軍港としての、役割も果たせると考えたのかもしれません。

領国経営と家康包囲網

江戸に入部した家康が、最初に着手しなければならなかったのは、家臣たちの知行割りです。

家康は急いで、膨大な数の家臣たちに知行地を割り当てるために、関東各地に設けられていた北条氏の支城制度を、そのまま活用しました。主だった家臣たちを各地の城主として配置し、城についている領地を付属させるというやり方でした。

一族の者たちをほぼ一万石クラスの城主とし、譜代の武将をその中に混ぜるようにして配置しました。

ここでの工夫は、一族の者たちより、譜代家臣の石高を多くしていることです。

例えば、

上総大多喜《おおたき》（現・千葉県夷隅《いすみ》郡大多喜町）十万石　本多忠勝

上野館林（現・群馬県館林市）十万石　　榊原康政

上野箕輪《みのわ》（現・群馬県高崎市）十二万石　井伊直政

いずれも、〝徳川四天王〟に数えられる面々です。吝嗇家《りんしょくか》として知られる家康にしては、十万石を超える大名を三家もつくっています（酒井忠次はすでに隠居しており、その息子が若年であったことから、石高はこの時点では今一つでしたが、やがて四天王並びとなっています）。

「井伊、本多、榊原の三人へもさぞかし知行を加増されるであろうが、どのようなところを、どの程度つかわされるおつもりか」

国替えで、家康の所領の大幅な加増を決めたとき、秀吉は家康に尋ねています。

これに対しての、家康の答えは、

「かねてより十万石ずつ与えようと思っていましたが、整備に費用が嵩《かさ》みますので、六万石ずつにいたそうかと思っています」

それを聞いた秀吉は、
「それでは気の毒だ。それぞれ十万石ずつ、つかわされるように――」
と、笑いながら言ったといいます。

秀吉が他家の家臣ながら、右の三人を高く評価していたことが知れる逸話です。実際のところ、家康がそのまま秀吉の助言にしたがったというわけではないでしょうが、石川数正の例もあります。「人たらし」の秀吉の甘言が、家臣たちに及ぶことは常に警戒していたことも、確かでしょう。

もはや〝東海の覇者〟時代の家康ではなく、関東一円を領し、天下人・秀吉に続くナンバー2の大大名となっているのですから。

この時、右の三人以外にも一万石以上の大名は、三十四人誕生しました。

少し変わったところでは、家康の次男・秀康が、一五九〇（天正十八）年には、秀吉の養子から下総結城（現・茨城県結城市）城主・結城晴朝《はるとも》の養子となり、「結城秀康」と名乗ってこの家を継ぎました。

養父・晴朝は、それまで同盟関係にあった北条氏を裏切り、秀吉に従って小田原攻城戦に参陣。その領土を安泰に保っています。秀吉は秀康に、十万一千石の跡目相続を許しています。

さらに四男の忠吉《ただよし》（母は三男秀忠と同じ）にも、武蔵忍《おし》に十万石を与えました。

しかし、わが子で十万石を超えたのはここまでです。

秀吉が天下統一を果たしたとはいえ、政権は誕生したばかりです。

家康には、幼い者や多くの者に禄をばらまく余裕などありません。すべては能力給である、というのが家康の考えでした。

四天王に並んで頭角を現していた譜代の武功派・大久保忠隣には、南関東の要衝・相模小田原六万五千石を与えています。

同じようにこの時期、徳川家中で脚光を浴びつつあったのは、帰り新参の譜代、吏僚派のリーダー・本多正信でした。

かつての三河一向一揆のおり、家康に敵対してその後、諸国を放浪し、許されてようやく家康側近として仕え、関東入国に際しては「関東総奉行」を務めました。

新領国の組織づくりを一手に引き受けた正信は、知行高を従来の貫高や俵高から石高に変更し、また石川数正の出奔後、外交・政治のわかる数少ない家臣として信頼されていました。

しかし、正信の石高は相模甘縄《あまなわ》（現・神奈川県鎌倉市）に一万石と少なく、実戦力は小さく見積もられています。この辺りの裁量は、のちの江戸幕府の幕藩体制を思い浮かべると、わかりやすいかもしれません。

政治の中枢にある者には石高を低く、つまり実戦力を保有させない、といった周到な配慮が施されています。家康の慎重で、臆病な性格をよく反映しています。

そして家康の直轄領は、江戸を中心に百万石に達していました。


関東移封で内政が大混乱している家康ですが、目をその外へ向けると、家康を取り囲むように、豊臣恩顧の大名たちが配置されていました。しかも、家康が天下の難所、箱根を越えて西へ進軍したときを仮定しての、配置であったように思われます。

まず、駿府城には中村一氏《かずうじ》がいました。一氏は秀吉子飼いの武将で、近江長浜城主だった時代の秀吉から二百石を与えられ、泉州岸和田や近江水口《みなくち》城主を歴任し、駿府府中城主として十七万五千石。頑固な一徹者で知られ、事があれば家康を相手に徹底抗戦すること必定です。

遠州掛川城には、父や兄が信長と敵対し、秀吉の家臣となった実戦の将・山内一豊《かずとよ》（かつとよ、とも）が五万石を有して、控えています。

浜松城には、堀尾吉晴《ほりおよしはる》の十二万石。信長に見いだされ、秀吉がとくに望んで家臣とし、世評にのぼる武功だけでも二十二回に及び、秀吉に高く評価されて「豊臣」姓を与えられていました。

さらに、三河吉田城（現・愛知県豊橋市）には、池田輝政が十五万石で配置されています。三河岡崎城には、田中吉政が五万七千四百石。そして尾張清洲城には、秀吉が最も頼りにしていた福島正則が入っていました。彼の石高は、二十四万石です。

池田輝政は小牧・長久手の戦いで、父・恒興と兄・元助を失ったものの、若くして名将の誉が高かった武将です。

福島正則は、母が秀吉の母・大政所の妹で、その縁で幼少から秀吉に仕えていました。柴田勝家との一大決戦・賤ヶ岳の戦いでは、〝七本槍〟の筆頭に挙げられた闘将です。

これらの勢力が一丸となって、家康の西進を阻めば、一大脅威となるはずでした。

「力ずくで、どの辺りまで進めようか――」

あるよもやま話の席上で、家康は本気とも冗談ともつかない問いを家臣たちに発したことがありました。

「――美濃関ヶ原までは、押し切れましょう。なにぶんにも東海道筋は、勝手知ったる土地ですから。しかも、この方面の大名たちは働き者は多いですが、それを束ねる者がおりません」

「――いやいや、中村一氏どのはなかなかの名将。それに堀尾吉晴どのも、豊臣家きっての功多き武将です。浜松城を落とすのは骨が折れることでしょうな」

家臣たちは思い思いに軽口を叩きますが、本多正信だけは口を開こうとしませんでした。

それに気づいた家康が、正信を見ると、正信は周囲の者に気取られぬように、さりげなく無言のまま首を横に振りました。

(箱根も、越えられないでしょう)

家康は正信のその様子を見て、沈黙したままでうなずいた、といいます。

本多忠勝《ほんだただかつ》　信長、秀吉も魅了した戦場の達人（一五四八〜一六一〇年）

三河の武人の典型とされる武将で、生涯を家康に奉仕しました。

伊賀越えで無事、岡崎に帰った家康は、

「この度《たび》、万死の境を免れることができたのは、ひとえにお前の力である。八幡大菩薩がお前を遣《つか》わして、助けてくれたとしか思えぬ」

と言って、危機脱出の勇断とその対処を称えました。

忠臣で強い忠勝は、他家の武将たちからも垂涎《すいぜん》の的であり、信長は自分の部下に忠勝を紹介する際に、

「三河の本多平八郎という、花も実もある勇士である」

とまで持ち上げ、本心、家康に望んだといいます。

秀吉は忠勝を、実際にスカウトしようと画策しましたが、うまくいきませんでした。

小牧・長久手の戦いでは、家康に撤退の時間を稼がせるために、死なばもろともと覚悟を決めて、わずか五百の手勢で三万八千（公称八万）の秀吉軍に当たりました。

秀吉はその勇気を称え、

「あのような者は、生かしておくものぞ。いずれわしの味方につかぬとも限らぬ。その時はあの者、ずいぶんと役に立つであろう」

と言ったとか。

また、強敵であった武田家の人々をして、

「家康に過ぎたるものが二つあり、唐《から》の頭《かしら》に本多平八」

といわしめたほどでした。

唐の頭とは、舶来の珍重品とされたヤクの尾毛で飾った兜のこと。三河武士はある時期、好んで唐の頭を懸けて、戦場に出たことが知られています。

忠勝は十三歳で、「大高城兵糧入れ」に従軍して以来、大小の戦い五十七度に参戦したといわれています。

それでいて生涯、手傷を負わなかったのは、個人の力量に加え、大局を見る目を養っていた、戦場の達人であったからでしょう。

「蜻蛉切《とんぼきり》」と名づけられた長槍をふるったことが、印象的に語られています。

家康の関東入国に際しては、上総大多喜十万石を与えられ、関ヶ原の戦い後には伊勢桑名に十五万石で移封となっています。

「事の難に臨《のぞ》みて退かず、主君と枕を並べて討死を遂げ、忠節を守るを指《さ》して侍と曰《い》う」

とは、忠勝の遺言の中にある一節です。享年は六十三でした。

家康を活かし、家康に活かされた「人材」たち❹

井《い》伊《い》直《なお》政《まさ》　寡黙ではあるが頼りになる男

（一五六一～一六〇二年）

徳川四天王の中では最も若く、本多忠勝、榊原康政より十三歳下、酒井忠次とは三十四歳のへだたりのあるのが、この人物です。

十五歳で家康に見出され、新参の譜代でありながら、関東入国の知行割りでは上野箕輪十二万石という、四天王の中では最大の石高を与えられました。関ヶ原の戦い後の移封先・近江佐和山では、さらに五万石の加増を受けています。家康は直政について、

「沈《ちん》毅《き》で寡黙ではあるが頼りになる男だ」

と、篤い信頼をよせていました。

もとは今川家の家臣で、代々、遠江井伊谷《いいのや》に居住していた一族の子供でした。父の直親《なおちか》は、家康に通じたとの嫌疑をかけられて、今川氏真の命で殺害され、二歳だった直政も殺されかけましたが、助命を乞《こ》う者があり、以後は

寺預かりとなります。自分と似た苦難の幼年時代を送ったことで、家康はこのほか、親近の情を覚えたのかもしれません。浜松城下で鷹狩りの最中に見出して以来、家康は終始、直政を身近に置き、手離しませんでした。

甲州侵攻では、武田の遺臣群を与えられ、武田の「赤備え」(朱一色の武装)を継承。武田軍団の有能な人材を多数配下にしたことは、以後の直政の活躍を保証したようなもの。

小牧・長久手の戦い後、〝赤鬼〟と称された勇姿を秀吉に褒められると、毅然として、

「股肱の臣を貶《おとし》め、敵将を褒めるのは主将たる人の道ではない」

と秀吉を非難しました。

これは秀吉に、自分を誘惑する底意がある、と見抜いたからのこと。

「この兵部《ひょうぶ》(直政)、他人の禄を貪《むさぼ》るべくもござらぬ」

と言い放って、家康を大いに喜ばせたと伝えられています。

関ヶ原の戦いで、島津勢の敵中突破により、受けた戦傷がもとで、なか一年おいて死亡しています。享年、四十二。

第四章

「学び」を総動員して実現させた天下泰平

家康の多数派工作と前田利家の死

一五九八（慶長三）年八月十八日、秀吉が六十二歳の生涯を閉じます。

幼い後継ぎ・秀頼はまだ六歳でした。

自分の死後の、秀頼の身を案じた秀吉は、死ぬ一ヵ月ほど前に「五大老」「五奉行」の制度を制定していました。

五大老
徳川家康　関東六ヵ国その他で、二百五十一万余石
前田利家　加賀、能登、越中三ヵ国で、百万石
宇喜多秀家　備前・美作《みまさか》両国で、五十七万石
毛利輝元　中国地方九ヵ国で、百十二万石
上杉景勝　奥州会津に、百二十万石

五奉行

浅野長政　甲斐府中に、二十一万石
前田玄以《げんい》　丹波亀山に、五万石
石田三成　近江佐和山に、二十八万石
長束正家《なつかまさいえ》　近江水口に、五万石
増田長盛《ましたながもり》　大和郡山《こおりやま》に、二十五万石

行政の実務を五奉行が取り仕切り、それを五大老が監視して後見する、といった仕組みです。

基本的には法度《はっと》など、これまで豊臣政権が制定し、積み上げてきたことを着実に遂行し、秀頼が成人するまでは一切の変更はおこなわず、行政は五奉行の責任で全うする。訴訟などで五奉行の手に余るようなことがあれば、五大老、とりわけ家康と前田利家の両者に判断を仰ぐことが取り決められ、家康は伏見城で庶務を高覧し、利家は秀頼の後見として、大坂城に詰めることが決められていました。

メンバーは秀吉の盟友・前田利家以下、五大老はすべて豊臣政権下の有力大名、五奉行はいずれも秀吉直系官僚と、すべてがアンチ家康の陣営に与《くみ》する人々です。

この時期、一見すると、利家と家康の勢力均衡が政局を安定させていたかのように見えますが、その実、両者を天秤にかけるようにしながら、中枢を握っていたのは石田三成でした。秀吉が死んだ今、家康は武将としての実力では、自分が一番ではないか、と意識したことは間違いないでしょう。

しかし、いかんせん政治的な立場は九対一と劣勢です。

しかも秀吉は、生前、秀頼の正室に家康の孫・千《せん》姫を決定し、家康はこれによって道義的な足かせをはめられてもいました。秀吉がいかに、家康を警戒していたかがわかろうというものです。

家康はまず、政治的立場を強くするため、五大老以外の有力大名に、思い切った接近をはかることにしました。合戦の強い武将＝豊臣家の武断派の大名を中心に、具体的な策は政略結婚と人気とりのための領地加増です。

伊達政宗の長女・五郎八《いろは》姫を自らの六男・忠輝《ただてる》と婚約させ、福島正則の嗣子・忠勝、蜂須賀家政《はちすかいえまさ》の子・至鎮《よししげ》、加藤清正の子・忠広《ただひろ》に、それぞれ自分の養女を嫁がせるなど、家康は五大老・五奉行にははからずに実行に移しました。

さらに、島津義久に接近し、当主義久の弟・義弘とその次子・忠恒《ただつね》（のちの家久《いえひさ》）の伏見屋敷に赴いて、禁じられていた論功行賞を行い、細川忠興《ただおき》（丹後宮津城主）、森忠政《ただまさ》（信濃川中島城主）らにも、加増の沙汰を下しています。

家康は、豊臣家の武断派大名たちを、一方の手で巧みにたぐり寄せながら、他方で豊臣家にとっての外様大名や東海道沿いの大名たちへも働きかけを始めたのです。

当然のことながら、家康を除く四大老と五奉行は烈火のごとく憤り、

「真理明白に欠く場合は、五大老から除名やむなし」

と一致して、問罪使を立て、家康への詰問におよびます。

けれども家康は、縁組などに手続き上の落度があったことを素直に認めたうえで、

「わしは太閤殿下より任命された身。どのような権限、根拠にてこの役割を解くといわれるのか」

と反撃に転じます。

問罪使たちは、散々恫喝《どうかつ》された挙句、最後は「うかと違法を忘れていた」などと愚にもつかない家康の言い訳を聞かされて、すごすごと引き返さざるをえませんでした。

家康の威儀に押され、まったく歯が立たなかったのです。

大坂から伏見へ問罪使が派遣されると、大坂、伏見とも騒然となりましたが、当の

家康の狙いは大坂方と事を構えることではなく、豊臣恩顧の大名が敵か味方かの、旗幟《きし》を鮮明にするのが目的でした。

事態が推移する中で仲裁者が現れることを、家康は十二分に計算していました。現に細川忠興、黒田長政、堀尾吉晴らが、両者の間に割って入り、和解工作を行っています。

とりわけ細川忠興は、長子・忠隆《ただたか》の妻が利家の娘であったことから、義兄弟となる利家の嗣子・利長《としなが》に働きかけ、利家の方から伏見城の家康の許に赴かせるよう説得し、一五九九年二月、利家は病をおして家康を訪ね、二人は和解しています。

しかし翌閏三月三日、利家は帰らぬ人となりました。享年、六十二。

家康はこの時はじめて、もはや自分以外に、天下を治められる人間はいない、と確信したのだと思います。

豊臣家中を二分し、一方に乗れ

利家が死んだ日の夜、朝鮮出兵時に石田三成から秀吉に、軍規違反との告げ口をされたとの恨みを持っていた加藤清正、福島正則、黒田長政、浅野幸長《よしなが》、細川忠興、蜂須賀家政、藤堂高虎の武断派七将が、三成を襲撃しようと計画している、との風評が流れました。

これを察知した三成は大坂を逃れ、伏見の自邸に入り、家康が仲介するという事態となります。

襲撃計画があったとされる二日後の三月五日に、この件で書状を送ってきた七人に対し、家康が三成は伏見にいること、情勢が変われば知らせる、と返書した書状が残っています。おそらく三成襲撃は、作り話でしょう。

ただ、福島たちから憎まれていた三成は、家康の伏見屋敷を訪れ、前田利家の死という重大事態に対し、今後の政局運営について話し合ったことは間違いありません。

この会談で、何がどのように決められたのかについては、はっきりわかっていませんが、両者を仲介した家康は、九日、福島正則らに、三成の佐和山への逼塞《ひっそく》を伝えています。

この時、家康はかつて、

「三成を生かしておけば、三成憎しで、こちらの敵と味方がはっきりする。三成を泳がしておけば、勝手にかき乱してくれるので、必ず天下が手に入ります」

と進言した、本多正信の言葉をかみしめていたはずです。

まさに正信が述べたとおりに、事態は推移していったのですから。

「あとは、三成が挙兵におよぶのを待つばかりか。さて、三成に戦を起こさせる算段をどうするか——」

「豊臣家中を二分し、一方に乗る——」

これが、家康の豊臣家の簒奪、天下取りのための基本戦略でした。

彼の当初の作戦＝四大老の各個撃破はすでに述べています。

五大老の中から仮想の敵を選び、これを討つと大号令を発する。その過程で諸侯の去就を見定めようというものでした。

最初の標的と狙いを定めたのは、利家亡き後、父の後を継いで五大老の一人となったばかりの前田利長でした。

「家康に謀叛の疑いをかけられているので、速やかに陳謝するように——」

と、義兄弟の細川忠興から勧められた利長は、一度は激怒し、家中の意見も分かれますが、利長の母・芳春院《ほうしゅんいん》（まつ）の助言に従って、母を江戸に人質として差し出すことを決め、家康に屈服しました（その見返りとして、のちに〝加賀百万石〟を手にします）。

家康は手を緩めることなく、次の糾弾の鉾先を会津の上杉景勝に向けました。

景勝は、中央の政局が武断派と文治派の対立で不安定になっていることをいいことに、一五九九（慶長四）年八月、伏見を発して会津に帰国。会津若松の居城に到着してから、領地の経営にかかりっきりとなっていました。

この時、景勝は若松城をはじめ国中の城塞を修築し、牢人を多量に雇い入れるなど、軍備を着々と整えています。

「上杉景勝に謀叛の企てあり」

家康に注進したのは、出羽仙北領主・戸沢政盛《とざわまさもり》と上杉家の旧領・越後に入封した堀《ほり》秀治《ひではる》でした。この通報が翌年、家康の上杉征伐の大号令となり、その軍勢がそのまま関ヶ原の戦いへ、東軍として傾《なだ》れ込《こ》むことになります。

一六〇〇年四月、家康が景勝に上洛を求めると、景勝の執政・直江兼続は敢然とこれを拒否してきました。

六月二日、家康は在国の諸大名に上杉征伐の軍令を発し、同十六日、大坂を発して伏見城に入っています。

麾下《きか》の将兵は、三河譜代の兵力が三千余、これと前後して東下した大名たちはほとんどが秀吉恩顧の武将たちで、その数およそ五万五千余（『関ヶ原合戦始末記』）。

この間、会津征伐に向かうにあたり、豊臣秀頼から黄金二万両と米二万石を軍費として、家康は受け取っています。

五奉行（石田三成を欠いたので、四奉行）のうち、増田長盛と長束正家は大坂に留まり、秀頼の補佐にあたることになりました。

ちょうどこの頃、家康はひそかに本多正信、井伊直政、榊原康政、本多忠勝を呼び、この度の会津征伐の本当の狙いについて、心中を明かしています。

「このたびの景勝の謀叛は、景勝一人のことではない。関西の諸大名の多くが景勝と徒党を組んでいるに違いない。首謀者は石田三成と増田長盛らだろう。

私が関東に下れば、彼らは上方で挙兵することは間違いない。

だから関東に下るときは、江戸城で上方の形勢をじっくりうかがうつもりだ。その方たちも、このことをよく聞きおくように――」

これに対し、四人は異口同音に言います。

「そのようなお考えなら、毛利や宇喜多らを将とし、島津や立花らと共に会津に下らせるのがよろしいかと思います。

殿は大坂で秀頼公を守護すると触れ出されるのが、いいのではないでしょうか。

殿が関東へ下られれば、上方の連中は好機とばかりに、挙兵に及ぶこと必定です」

家康は、彼らをこう諭しました。

「そなたたちが申すことは、間違っているぞ。

彼らを将として会津へ下せば、彼らは必ず景勝に味方して江戸に攻めてくるだろう。そのときになってから関東へ下ろうとすれば、三成一派は、われ先にとわが軍を追撃してくるに違いない。

そうなれば、わが軍は挟み撃ちに遭って敗北し、江戸は敵の手に落ちてしまうだろう。関東はわれわれの基盤の土地だ。われわれが関東にいさえすれば、たとえ全国の諸大名が束になってわが軍を討とうと攻めかかって来ても、われらが奮戦すれば撃退するのは難しいことではない。

私はここ数年間、こういった方針で、日ごろから志のある者や勇気と義を兼ね備える諸将士を、貴賤を問わず採用してきた。この者たちは、たとえ上方が大騒乱となっても、みな私の麾下に属すだろう。

私は上方が乱れるかもしれぬと考えていても、それにかまわず東国へ向けて出陣する」

用意周到な家康は、自分が会津に向かえば、反徳川の旗が石田三成らの手によってあがることは間違いない、とみていましたが、その兵力は多くとも二万程度、まずは一万五千を超えることはないだろう、と思っていたようです。

家康のそうした判断の根拠は、石高を百石につき三人と定めた軍役で計算すると、十九万四千石の三成の動員可能兵力は六千人となります。

これに味方する大名として、家康が見積もったのは、大谷吉継五万石＝千五百人、小西行長二十万石＝六千人、ほかに勢いと血縁で、小大名二、三が参加しようとも、会津征伐軍として編成した五万五千の軍勢とは、まるで勝負にはなりません。

場合によっては軍勢を二分し、会津・上杉氏攻撃と上方攻めを同時に実施してもよい、といった具合に家康は高を括っていたようです。

慎重な家康をして、ここまで甘く見積もらせたのは、幾重にも張りめぐらせた情報網によってさえキャッチできないほど、三成が一切の外交通信を控えていたところに、最大の原因がありました。

十万の兵を結集させた三成の構想力

家康の狙いどおり、石田三成が挙兵に向けて本格的に動き始めたのは、七月十一日のこと。翌十二日にかけて、三成、大谷吉継、安国寺恵瓊《あんこくじえけい》らの謀議がなされています。おそらく三成が、佐和山城に招いたのでしょう。

この席上でまず、諸国を豊臣方、徳川方に分類し、諸侯に檄を発して参集を待ち、曖昧な態度に終始する諸侯に対しては、大坂在住の妻子を人質とする、一方で会津上杉氏との連携を密にして、東西呼応して戦うことなどが話し合われました。

おそらく三成は、佐和山に引きこもって以来、家臣の島左近をかたわらに置いて、計画の推敲《すいこう》を重ねていたのでしょう。

作戦の最重要課題は、当然ながら動員する兵力です。

十二日には在坂する前田玄以、増田長盛、長束正家の三奉行を招き、連署でもって、毛利輝元に大坂入りを促す書簡を準備しています。

次いで、三成の兄・石田正澄を近江の愛知《えち》川に派遣して、ここに関所を設け、家康の命によって東下する諸大名を説得し、会津行きの阻止を開始しました。

さらに、戦略上の拠点とする予定の岐阜城城主・織田秀信（信長の嫡孫）を説得し、秀頼の後援者として西軍に味方するよう説得。上杉家の直江兼続に、越後を上杉家に返すために越後に一揆を起こそう、と提案する書状を送っています。

七月十五日、現役三奉行によって、大坂への出入り口がすべて厳重に警備され、諸大名の妻子の、本領への帰国が禁止され、そして大老・毛利輝元が大坂に入城します。

翌十六日には、土佐二十万余石の長宗我部《ちょうそかべ》盛親《もりちか》（元親の子）が軍兵六千を率いて、大坂に到着。

十七日、三奉行と大老の一・宇喜多秀家が改めて協議し、毛利輝元を総大将に推戴して、大坂城西の丸を総大将の居所と決めました。

そして時を移さず、三成は三奉行に指図して、連署に基づく、家康の太閤殿下の遺命に違反する事項十三ヵ条を列挙した書状（「内府《だいふ》ちかひ〈違い〉の条々《じょうじょう》」）を、家康の許に送りつけます。

いうまでもなく、家康に突きつけた三成の宣戦布告でもありました。

また、三奉行はこの書状に、次のような檄文を添えて諸大名に交付しています。

「さっそく申し入れるが、こんどの会津発向のことは、内府公（家康）が大老や奉行ととりかわした誓書、および太閤様の御置目《おんおきめ》（定め）にそむかれ、秀頼様を見捨てて、出馬なされたものだから、われらはいろいろと相談した末に、これに敵対せざるをえなくなった次第である。内府公が制約に違背した条々は、別紙にあげたとおりである。この旨を、もっともと思し召され、太閤様のご恩をお忘れなくば、秀頼様に対して御忠節あるべし」（意訳）

この日に、毛利輝元と宇喜多秀家の二大老が連署のうえ、同様の檄文は、前田利長にも送られていました。おそらくこの檄文は、豊臣家とかかわりのある多くの諸侯に送付されたことでしょう。

――効果は絶大でした。

この檄文に呼応して、大坂に参集したのは、多くは近畿・山陽・四国・九州地方の大名で、その兵数はまたたく間に九万三千七百余人を数えたのでした。

意気あがる西軍は、大坂城の大広間で軍議を開き、副将・宇喜多秀家の

「敵の機先を制するのに越したことはない」

との意見に、多くの諸将が賛同。すぐさま、進撃が開始されました。

小山評定で見せた家康のしぶとい根回し力

一方、七月二日に一度、江戸城に入った家康は、毛利輝元が大坂城に入った同じ日、秀忠を先発させ、二十一日には自らも江戸城を出発。途中、三成の挙兵や上方の騒乱を耳にしつつも、家康は進軍のスピードを緩めたりはしていません。

しかも、家康の表情は極めて穏やかで、周りの諸将に対しても、にこやかに笑みを湛《たた》えて接したといいます。

一つは、自身が従えて北上する諸侯への気配りから、もう一つは、自らの想定どおりに事が運んでいることへの満足感からだったのでしょう。

家康の動きがにわかに鈍ったのは、二十三日――。

この日、会津征伐の中止が指令されます。

そして翌二十四日、家康が下野小山《おやま》に到着すると、上方の徳川氏の拠点、伏見城の守将・鳥居元忠から、急報が届きます。三成勢四万近い大軍から攻撃を受けていることと、三成が十万近い兵力を結集しつつある、との報告でした。

恐れるに足りない、と思っていた三成方が、どうして十万もの兵力に膨れ上がったのか。

「どうする――」

家康は必死に策をめぐらせますが、妙案はすぐには出てきそうもありません。

いつものことながら、すぐさま徳川家の諸将だけが招集され、軍議が始まりました。

明日、参加するすべての大名たちとの評定《ひょうじょう》の前に、徳川家臣団の意思統一を図るための軍議です。徳川家のこの種の軍議は、早くから定着しています。

五ヵ国の太守となった頃から、家康はそれまでにも増して自論を口にしなくなりました。黙って家臣たちのやりとりに耳を傾け、自らの意に沿う意見が出ると、それに賛成するという形で、結論を導き出したのです。

「ここが勝負どころ、激してはならぬ――」

カッとしやすい己れに、そう言い聞かせながら家康は、家臣の意見を聞いています。

まず、本多正信が口火を切りました。

「この陣中にある大名の大半が、豊臣家の家来です。彼らのほとんどの者が、妻子を大坂に残しており、しかも、いまやその妻子は三成の手のうちにある――」

したがって、いつ寝返ってもおかしくはない、というわけです。

「――まず、会津征伐軍をこの地で解散し、諸侯を各々の領地へ返し、しかるのちに去就を明らかにさせればいい。上方勢は、当家が一手に迎え撃つ覚悟で臨むことが肝要です」

まず関八州を固め、そののちに西軍を迎えて、箱根で一挙に撃滅するといった戦術でした。いかにも手堅い、堅実な正信らしい意見です。

が、これを聞いた家康は、内心、「何をいまさら」と思っていました。この機を逃しては、生涯、天下に覇を唱えることはできない、と彼は考えていたからです。

すると井伊直政が立ちあがり、異を唱えました。

「ものごとには、勢いというものがあります。いま、この勢いに乗って怒濤のごとく西上すれば、われらは決して敗れるものではありません。殿、今こそ決断なされる時ですぞ」

家康は、無言でうなずきました。徳川家の方針は、これで決まったのです。

次は、明日に予定している豊臣恩顧の大名たちとの軍議をどうまとめるか、です。

家康は明日の軍議で開口一番、諸将の去就を問う心づもりでいました。

「私はこれから三成勢と戦うが、おのおの方は、それぞれの事情があるだろう。家康につくか、三成につくかは、おのおの方次第だ。三成方につきたいと思う方は、直ちに国許へ帰って戦支度をするがよい。邪魔だてはいたさぬ」

と。このとき、場の空気は、家康の発言に対して、次に誰がどのような発言をするか、で決まってしまいます。

もし、最初の発言者が、

「では……、申し訳ありませんが、わたしは国許へ帰らせていただきます」

などと言おうものなら、諸将はたちまち不戦論に傾き、その瞬間に会津征伐軍、すなわち東軍は瓦解《がかい》するでしょう。

そうなれば、好むと好まざるとにかかわらず、徳川家は関東の絶対防衛という守勢に立たざるをえなくなります。

しかし、家康のしぶとさは、「ものごとには本音と建て前がある」とばかりに、感情を利用して誘うポイントを、福島正則に絞ることで、活路を見出そうとした点にありました。

正則は少年時代から秀吉の許で育てられ、父のような存在である秀吉の賛辞を得たい一心で、懸命に働き、賤ヶ岳の戦いでは〝七本槍〟の筆頭にあげられるまでになった人物です。前述したように、三成によって秀吉に讒言されたとの恨みから、七将による三成襲撃計画にも加わっていたとされています。果たせなかった私怨を、まんまと家康に利用されてしまったというわけです。

実際に正則を口説いたのは、家康派の黒田長政でした。

竹中重治《しげはる》（通称・半兵衛）と並ぶ、豊臣政権創設期の軍師・黒田孝高《よしたか》（通称・官兵衛、号して如水《じょすい》）の嫡男である長政は、正則と同じ武断派ですが、父の官兵衛同様、知略にも優れていました。正則と同じく、長政も三成襲撃計画に名を連ねていたといいます。

根回し役を引き受けた長政は、

「三成の挙兵は、豊臣家の名を借りた自分の天下取りだ。騙《だま》されてはいけない」

と、正則の「三成憎し」の気持ちを刺激し、三成との対決への決意を迫ります。

「明日の評定で、そなたが諸侯に先駆けて、内府殿にお味方申し上げる、と大声で切り出せば、迷う方々の決意も固まるだろう」

正則に、どの程度の時代認識と理解があったかは疑わしいのですが、もしこの戦いで、文治派の三成が勝利すれば、武断派の自分の、将来の目がなくなることは理解していたようです。

長政は、この正則説得の成功によって、後日、いちはやく筑前《ちくぜん》五十万二千四百石余を家康から与えられています。

翌二十五日、いよいよ上杉征伐軍の大名たち全員が参加しての評定が開かれました。遠征軍の各陣営には、それぞれのルートで三成挙兵の情報が、すでにもたらされていました。彼らは、西軍は豊臣家そのものであり、三成と戦うことが秀頼に刃《やいば》を向けることになるのではないか、と大きな不安を抱えていました。

しかし、評定の冒頭で正則が、

「私は家康殿にお味方いたします。このたびの三成の挙兵は、豊臣家の名を借りた三成の天下取りの企みに他ならないから――」

と、大声で切り出しました。

効果は絶大でした。彼は秀吉の子飼い中の子飼いの大名だったからです。その正則が三成と戦うと言っているのですから、もはや諸大名は何も恐れる必要はありません。

万一、正則が発言をためらうようであれば、家康はそれまでに懐柔してあった諸侯に順次、発言させ、場の雰囲気を徳川家擁護、三成に対する徹底抗戦に、向ける手はずも整えていたに違いありません。家康ほどの慎重な人であれば、それぐらいの周到な下準備をしていて当然だったでしょう。

つづいて、数人の諸侯が異口同音に発言します。

会津征伐軍が、三成らを中心とした西軍と対峙する東軍へと、変わったのです。

このとき、突如立ち上がって、予想外の発言をした大名がいました。

遠江掛川六万九千石の城主・山内一豊です。

一豊は、賢妻のおかげで、のちに土佐二十万石を手に入れたと、やっかまれることになりますが、真の功績はこの小山評定における、一豊自身の次の発言によりました。

「東海道を馳せのぼるには、城と兵糧が必要でありましょう。そこで私は、居城の掛川城を内府殿に明け渡し、進上申し上げる」

これを聞いた諸侯は、みな一様にこの発言の重要さに、ひと呼吸遅れて気づき、東海道筋に城を持つ大名たちは、「私の城も進上申し上げる」「私の城も――」と、次々に名乗りを上げました。

家康は一豊のひと言によって、労せずして海道筋の主要な城を、傘下に収めることができたのです。

これらの城は、もとはといえば秀吉が、関東へ移した家康が大坂に攻め寄せてくる事態への備えとして、配置したものでした。

あの世の秀吉がこの様子を見ていたら、開いた口がふさがらなかったことでしょう。

また、「わが城に兵糧をつけて家康に進上する」というアイデアを最初に思いついたのは、実は発言者の一豊ではなく、このとき掛川城の隣の浜松城主をつとめていた堀尾忠氏《ただうじ》でした。

この日、評定へ出かける道すがら、忠氏が「自分は、わが城に兵糧をつけて内府殿に進上し、人質を吉田の城に入れ、自分は合戦に先陣しようと思う」と言うと、それを感心しながら聞いていた一豊が、それをそのまま先に、評定の場で提案したというわけです。

いかなる急場、土壇場にあろうとも、図太く何かをつかんで、あるいは禍《わざわい》を転じて福となす人物がいるものです。

同じ勝ち馬に乗ろうとするにしても、積極的か否かで、成果は大きく違ってくるという事実を、山内一豊は、われわれに教えてくれているともいえるでしょう。

家康は秀吉に関八州への移封を命じられたとき、家臣たちに「江戸から上方まで、力ずくでどこまで攻め上《のぼ》れるものか」と尋ねたときの、それぞれの答えを思い出していたかもしれません。

二男・結城秀康を上杉氏の押さえとして宇都宮に残し、家康は八月五日に江戸に帰着しました。

八方の形勢を見極め、できる策を施し、西上の機会をうかがうためです。

実際、小山を撤収して以来、家康は連日のように天下六十余州の大名たちに、精力的に書状を送り続けています。

東軍参加の兵を募るとともに、すでに西軍に味方している者の翻意を促すためです。

外様《とざま》の諸将宛てに出した書状は、現存するものだけで約百六十通、宛先は計八十二名といわれています。

家康だけでなく、家臣の本多正信や井伊直政、本多忠勝ら、そして家康派大名の黒田長政、藤堂高虎、細川忠興らも、これに数倍する量の書状を送っていました。

他方、伏見城を落として意気あがる西軍は、別働隊の手で田辺城を開城させ、畿内を平定すると、伊勢方面、美濃方面、北陸方面の三方向に軍勢を展開しながら、東進します。

事実上の主将である三成が率いる美濃方面軍は、八月十一日、大垣城に入りました。このとき、三成は、東軍の動向をかなり的確に把握しています。

東海道を西上する、福島正則ら東軍の進軍速度が思いのほか早いことで、ここで当初想定した尾張と三河の中間地帯としていた設定戦域を、美濃の関ヶ原付近に軌道修正しています。また、前衛の司令部を、ここ大垣城に置くことにしました。

ところが、総大将の毛利輝元は、出陣の時期尚早を唱え、嗣養子・秀元《ひでもと》を代理として出撃させ、自分は東軍が遠江浜松あたりまで進んでから出陣する、と言い出します。

三成が何とか大垣まで進出するよう説得に苦心を重ねている最中に、戦略上のもう一つの拠点・岐阜城が、東軍の先鋒隊によって落とされた、との報が入ってきます。

さらに、畿内の一応の平定を終え、一万余の大軍を率いて美濃に転進した副将・宇喜多秀家を迎えたものの、西軍首脳部は軍勢の合流を待ったため、次の行動を起こせず、緒戦での連勝の勢いを活かすことができませんでした。

勝敗を分けた毛利一門への調略

他方、家康の懐柔による多数派工作は、三成の知らない間に大坂城の奥深くから、それなりの成果を見せ始めていました。

公卿《くぎょう》の広橋兼勝《ひろはしかねかつ》、勧修寺光豊《かじゅうじみつとよ》が、後陽成天皇の命を受け、秀頼を大坂城から出陣させないよう奔走していました。秀頼がひとたび親征の軍を発すれば、家康といえども勝ち目はなかったに違いありません。

また、勝敗の鍵を握っていたといえる毛利一門の二人の武将、小早川秀秋《こばやかわひであき》と吉川《きっかわ》広家《ひろいえ》への調略も成功の兆しが見えてきていました。

広家は、毛利元就の次男・吉川元春の三男で、輝元とは従兄弟にあたる毛利一門の重鎮であり、毛利家を取りまとめる軍事の中心的人物でした。

この戦の前年の一五九九年、広家は天下衆目のなか、五奉行の一・浅野長政と大喧嘩を演じたことで、一時は毛利家は取り潰しかとの風聞も流れるなか、家康と黒田官兵衛――長政父子のとりなしで助けられたことから、毛利家の戦闘参加を阻止する役割を果たそうとしていました。

一方の秀秋は北政所の兄・木下家定《きのしたいえさだ》の五男に生まれ、三歳で秀吉の養子（猶子《ゆうし》とも）、次いで小早川隆景《たかかげ》（毛利元就の三男）の養子となった武将で、慶長の役において、朝鮮半島で軽率なふるまいがあったのを秀吉に咎《とが》められ、越前北ノ荘へと領地を左遷され、悶々とした日々を送っていた時期がありました。

秀吉の死後、それを家康によって、もとに戻してもらった恩義があります。

秀秋は毛利一門として西軍に属していましたが、秀秋率いる一万五千余の兵力の大きさから、家康の工作は小早川家の老臣・稲葉正成《まさなり》（のちに江戸幕府の三代将軍・徳川家光の、乳母となる春日局《かすがのつぼね》の夫）を通じて、執拗にくり返されていました。

家康が三万二千の兵と共に、やおら腰を上げて江戸を発したのは、東軍先鋒隊によって、信長の嫡孫・織田秀信の岐阜城が落ちたのを確認した、九月一日のことでした。別に、秀忠を大将とする三万八千の徳川正規軍は、中山道《なかせんどう》経由で上方へむかっています。

出陣前、上杉勢があるいは西軍寄りの〝常陸の旗頭〟（五十四万五千八百石）の佐竹義宣《よしのぶ》が、江戸へ乱入するかもしれない。

そうした懸念を、家康は抱きつづけていましたが、何事にも「機」というものがあります。なまじ時を過ごせば、先鋒として出撃中の東軍内の和が乱れ、せっかくの勢いが減少してしまうかもしれません（中弛《なかだるみ》気味の西軍のように）。

東軍先鋒隊は岐阜城を落とした後、美濃赤坂（現・岐阜県大垣市）付近に駐屯しています。家康は、先鋒隊の主要メンバー＝福島・黒田・加藤・細川・池田ら諸将の、徳川家への忠誠心を確認しつつ西上すると、九月十四日に合流しました。

直ちに軍議を開き、その場で家康はこう言いました。

「大垣城を攻めるもよいが、一隊をとどめて防備に充て、本軍はまずは佐和山を攻め、さらに伏見、大坂に進撃する」

城を力攻めするには、十倍の兵力が必要とされています。

また、大垣城攻めに時間を要して長期戦となれば、大坂城にいる毛利輝元が後詰めに駆けつけ、背後を衝かれる恐れがありました。その際に秀頼までが奉じられて現れたとしたら、東軍の諸将の動揺ははかりしれません。

家康はこの時、浜松城からまんまと三方ヶ原に誘い出されて大敗した、信玄の戦法＝己れの苦い経験を、そのまま真似たのでした。家康の学習成果といっていいでしょう。

家康は間諜を用いて、東軍が大垣城を素通りして佐和山方面へ向かった、とのウワサを西軍に流しました。

それが功を奏して、大垣城にあった西軍の主力は、城を出て関ヶ原へと移動を始めます（九月十四の夜）。

実はこの日、西軍の島津義弘が家康本陣への夜襲を進言していました。

ところが三成は、

「あくまで正々堂々、白昼のもとで家康を倒す」

と言って、義弘の提案を退けていたのです。

家康が西軍の移動を知ったのは、十五日の午前二時頃のことでした。

同じ頃、小早川秀秋の裏切りと、吉川広家へ工作した毛利軍の戦闘不参加の密約をとりつけた、との報告がもたらされたようです。家康たち東軍も関ケ原へ移動します。

午前八時頃、北・西・南へ「鶴翼《かくよく》の陣」の形を敷いた西軍に向かい合う形で、東軍は関ヶ原の東側に陣を敷きました。

盆地にたちこめた霧がわずかに散り始め、両軍の戦闘は、東軍の井伊直政・松平忠吉の軍勢による、西軍の宇喜多軍への発砲によって火ぶたが切られます。

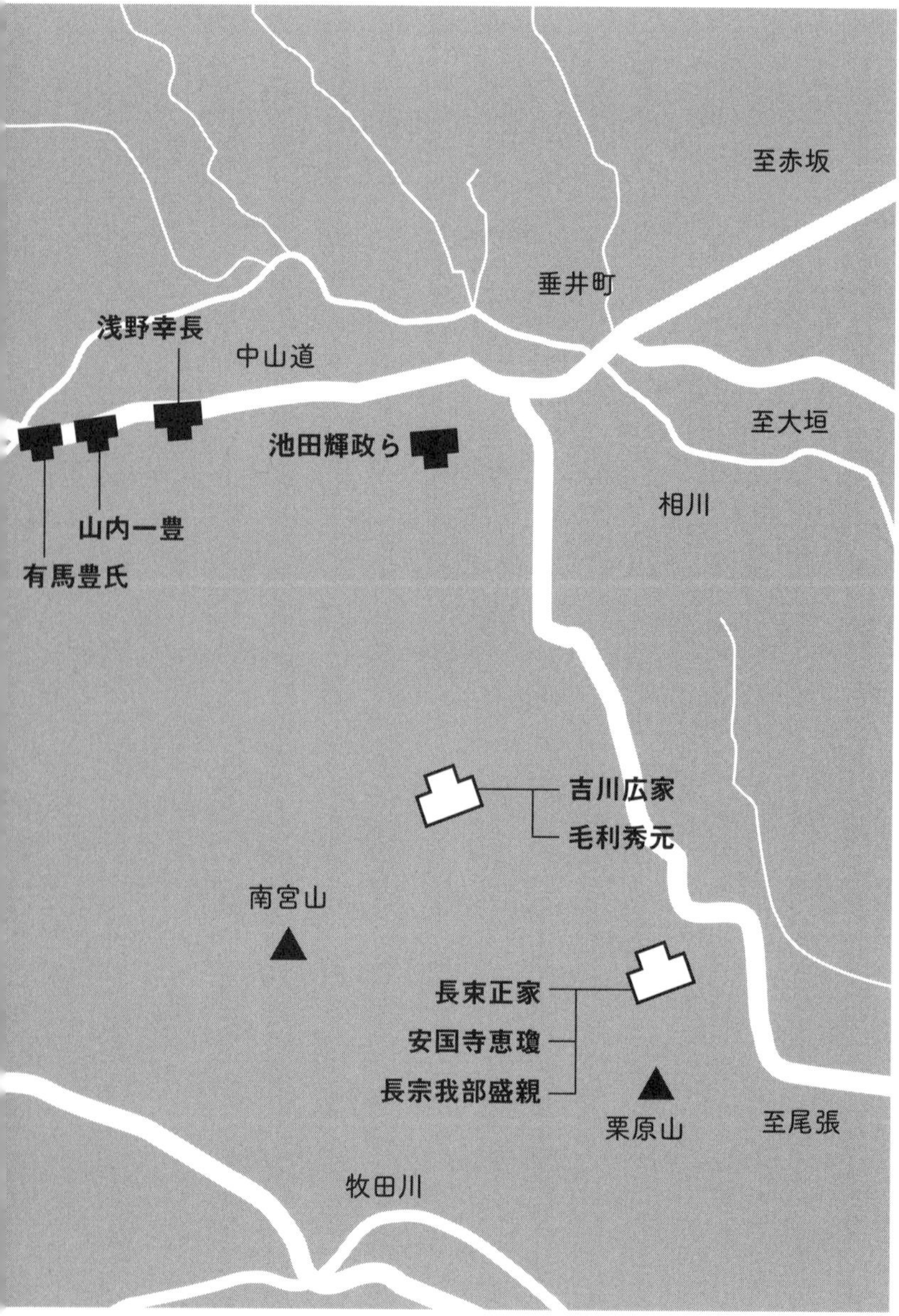
至赤坂
垂井町
浅野幸長
中山道
池田輝政ら
至大垣
相川
山内一豊
有馬豊氏
吉川広家
毛利秀元
南宮山
長束正家
安国寺恵瓊
長宗我部盛親
栗原山
至尾張
牧田川

関ヶ原の戦い東西両軍布陣図

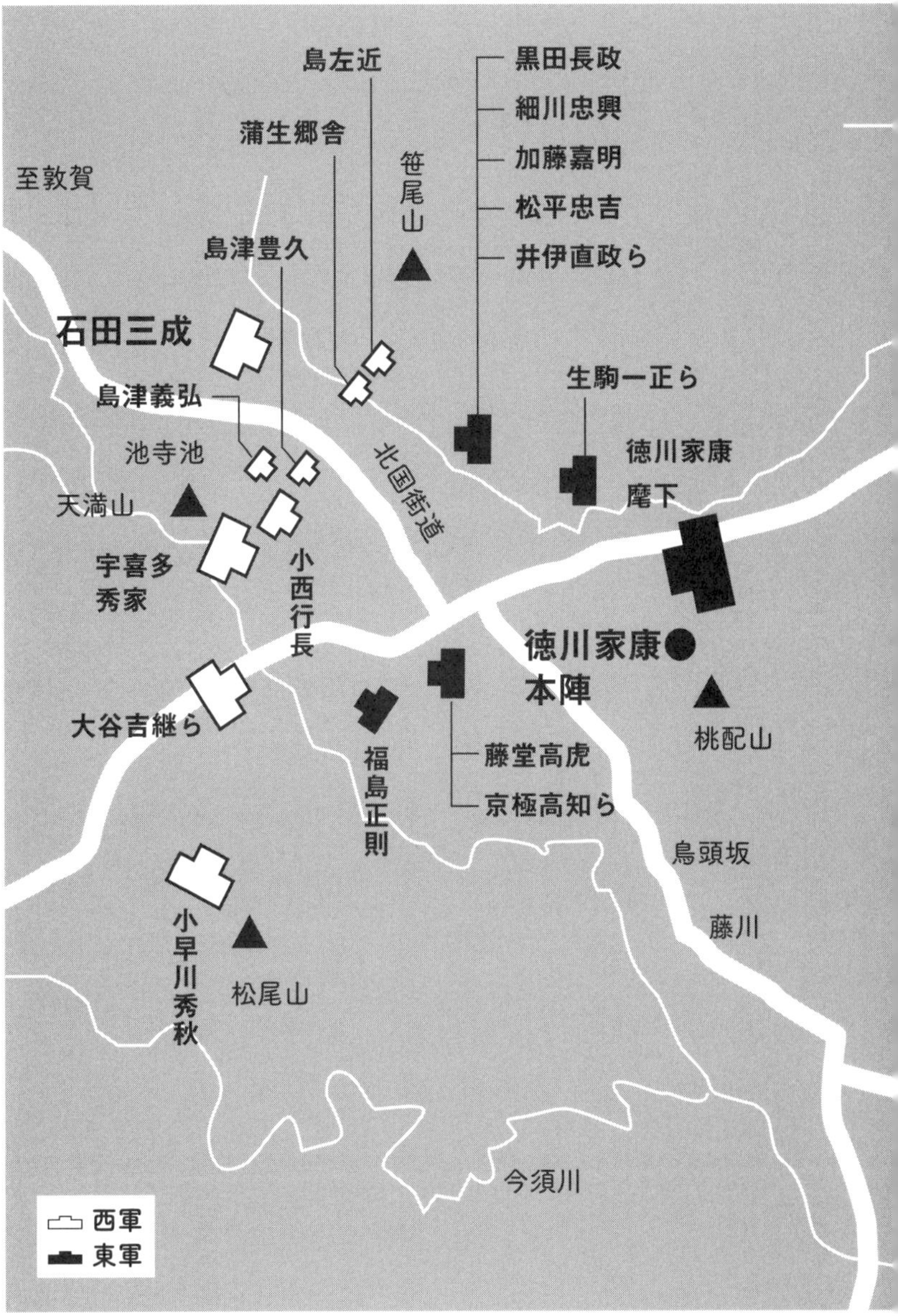

島左近
黒田長政
細川忠興
加藤嘉明
松平忠吉
井伊直政ら
蒲生郷舎
笹尾山
至敦賀
島津豊久
石田三成
生駒一正ら
島津義弘
北国街道
徳川家康
麾下
池寺池
天満山
宇喜多
秀家
小西行長
徳川家康●
本陣
大谷吉継ら
福島正則
藤堂高虎
京極高知ら
桃配山
烏頭坂
藤川
小早川秀秋
松尾山
今須川
西軍
東軍

そして、午後二時すぎには大勢が決着し、西軍はいつしか東軍の三分の一程度の兵力となって敗走しました。

大勝利を得た家康ですが、この時点ではまだ前途は多難です。合戦に勝ったとはいえ、西軍勢力が壊滅したわけではありません。大坂城を戦わずして開城させ、戦後処理をあやまらず、東軍に味方した諸将は所領を増やし、西軍諸将の石田三成、小西行長、宇喜多秀家、安国寺恵瓊、長束正家、大谷善継らの領地は没収され、各々の家も滅びました。

改易、減封された西軍外様大名の数九十三。没収された総石高は、約六百三十二万石とされています。これらの土地が、東軍参加の豊臣系大名に恩賞として配分され、徳川家の直轄領ともなりました。

家康自身も、直轄領を二百五十万石から一挙に四百万石と増やし、関ヶ原の戦いから三年後、一六〇三（慶長八）年二月十二日には、朝廷から征夷大将軍に任命されます。

これまで家康は、豊臣家の五大老の一人、つまり豊臣家の一家臣に過ぎませんでしたが、征夷大将軍になることで、武家の棟梁として、名実ともに全国の大名の頂点に立つこととなりました。

とはいえ、西日本には依然として豊臣恩顧の大名＝武断派が蟠踞《ばんきょ》しており、あいかわらず豊臣色が強く、油断がなりませんでした。

それを念頭に二年後、家康は三男の秀忠を将軍職につけます。

『徳川実記』によると、関ヶ原の戦いの後、家康は井伊直政、本多忠勝、本多正信、大久保忠隣らの重臣たちを集め、次男・結城秀康、三男・秀忠、四男・忠吉の三人から後継者を選ぼうと思うが、誰がよいと思うか、と意見を聞いたといいます。

本多正信は秀康、井伊直政と本多忠勝は忠吉、大久保忠隣は、

「乱世においては武勇が肝要ですが、これからの平和な世を治めるには、学問も必要です。知恵と学問を持ち、お人柄が謙虚な秀忠様がよろしいかと思います」

と述べ、秀忠を推したというのです。

そのとき、家康は意見を述べず、後日、同じ家臣を集めて「後継者は秀忠に決めた」と告げたということですが、実際は、家康が秀忠を後継ぎに定めたのは、これよりずっと以前のことだったと思われます。家臣への相談自体、筆者はなかったと思っています。

征夷大将軍の職を、わずか二年で秀忠に譲ったのは、自ら隠居し、子の秀忠を将軍にすることによって、天下は家康一代のものではなく、政権は徳川家が世襲するものであり、大坂の秀頼に政権を渡す意志はない、ということを、内外に宣言するという意味を込めたといえるでしょう。

また、家康は〝大御所《おおごしょ》〟となっても、政治の実権を掌握し続け、しばらくは江戸、伏見を居所としますが、一六〇七年以降は駿府城を本拠としました。

臣下が主君を討つことは正しいか誤りか

一六一一（慶長十六）年、二条城にいた家康に向けて、こんな落首《らくしゅ》が詠まれます。ときに家康は七十歳、秀頼は十九歳です。

御所柿《ごしょがき》（＝家康の天下）はひとり熟して落ちにけり
木の下にいて拾う秀頼

家康の老齢に反して、秀頼はたくましく成長している。そのうち家康は死んで、秀頼が家康の地位を継ぐだろう、という意味です。

この歌は、当時の家康の苦しい胸中を的確に表していました。

実際、家康はうかうかしていると、甘美な柿（天下）を秀頼に拾われかねない、という不安と、たとえ自分の死後、秀頼を奉じて天下をくつがえす者が現れたとしても、それを天命として受け止めるしかないか、との思いの間で、悶々とする日々を送っていたのです。

ところが同年から慶長十九年にかけて、豊臣恩顧の有力大名たち――加藤清正、池田輝政、浅野幸長《よしなが》らが相次いで病没します。

これまではあまりに現実的ではなかった、豊臣家と秀頼の軍事的討伐の環境が、ふと気づけば整いつつありました。

しかし、それでも家康はなかなか動こうとはしませんでした。旧主家を軍事的に滅ぼすことが、果たして倫理的に許される行為なのかどうか、と家康は悩み、決断をためらっていたのです。

一六一二年、御用儒学者の林羅山《はやしらざん》を呼び寄せて、「湯武放伐《とうぶほうばつ》」論について、家康は問答を交わしています。

「湯武放伐」とは、古代中国の殷《いん》で湯王《とうおう》が主君に当たる夏の桀王《けつおう》を「放伐」（中国では悪政を行う帝王を帝位から追放し、討伐する）をして国を奪い、また武王《ぶおう》が殷の紂王《ちゅうおう》を放伐して周《しゅう》を建てたことを考えるに際し、臣下が主君を討つことは許されるのかどうか、という議論です。

孟子《もうし》はこれを正しいことと肯定していましたが、家康は念には念を入れて、改めて羅山にも尋ね、肯定の答えを得ています。

家康はここで、大坂討伐の決意を固めた、といわれています。


――しかし、戦をしかけるためには大義名分が必要です。

豊臣家が、徳川家を滅ぼすために軍事行動を企てているわけでもなければ、豊臣家の存在によって、天下の大義が危機に瀕しているわけでもありません。

そんな局面で、方広寺《ほうこうじ》大仏殿の釣り鐘に記された文字をめぐって、家康は大義名分をむりやり手にします。

この方広寺は一五九五（文禄《ぶんろく》四）年に、秀吉が奈良東大寺の大仏を上回る大仏と、大仏殿を造立しようと建てた大寺院でしたが、一年後に起きた大地震によって、大仏が倒壊してしまいました。その後、秀吉が建て直し工事を始めたのですが、完成前にこの世を去り、計画は頓挫したままになっていました。

豊臣家の膨大な軍資金をはき出させる対象を探していた家康は、秀吉の供養のために、方広寺への寄進を提案し、豊臣家による再建工事が進められました。

工事がほぼ完了し、八月には大仏の開眼供養などの準備を進めていた最中の七月、家康は豊臣家に対して突然、大仏の開眼供養の延期を申し入れたのです。

方広寺の鐘の銘文の中にある、「国家安康《こっかあんこう》」という文字――家康の名前を二つに割って、家康を呪い、同時に「君臣豊楽」という文字で豊臣家の繁栄を祈った、というのが、その理由でした。

この申し入れを考えたのは、金地院崇伝《こんちいんすうでん》と伝えられています。

家康の側近の一人で、もとは京都五山の上に置かれる別格扱いの臨済宗南禅寺の住持だったといいます。もし事実なら、まさに、曲学阿世《きょくがくあせい》（真理を曲げておもねること）の見本のような人物、といえるでしょう。

これが家康の、豊臣家に対する言いがかりであったことは明らかですが、驚いた豊臣家は家老の片桐且元《かたぎりかつもと》を駿府に派遣し、崇伝らへの弁明に努め、家康との会見を依頼しますが、家康に会うことはできませんでした。

そこへ、大坂からもう一人の使者として、大蔵卿局《おおくらきょうのつぼね》がやってきます。

家康は、豊臣家中を二つに割るチャンスだと考え、応対した家臣たちに、且元には厳しく、大蔵卿局には丁寧に応対するように、と命じました。

違う態度で接すれば、二人は自ずと違う報告をし、豊臣家はどちらかを疑って、それが分裂のきっかけになると考えたからです。

家康側は且元に、秀頼に江戸参勤させるか、淀殿を人質として江戸に送るか、秀頼が大坂を退去して国替えに応ずるか、三つのうちどれかを選ぶようにと迫りましたが、大坂方はいずれも拒否し、家康と戦うことを決意します。

このとき大坂へ戻った且元は、豊臣家の家臣から家康方への内通を疑われたため、家族と一族、家臣を引き連れて、大坂から退去しています。

その且元を招くようにして、対大坂城攻めのアドバイザーにしたのは家康でした。

このあたり、石川数正を家康の許から走らせた、秀吉の政略をうかがわせます。

大坂城には、真田信繁、長宗我部盛親、毛利勝永《かつなが》（吉政《よしまさ》・もと豊前守《ぶぜんのかみ》で一万石）らをはじめ、大名級《クラス》の牢人など、大坂城内の莫大な金銀目当ての、一旗組が集まり、総兵力は十万を数えました。

家康は諸大名に、大坂出陣の大号令を発します。

敵方が集めた兵が十万を超える大軍であったことももちろんですが、大名たちの徳川家への忠誠心を試すという意図もありました。

一六一四（慶長十九）年十月十一日、家康は駿府を出陣して入京し、二条城に入城。秀忠、藤堂高虎、豊臣家から寝返ったばかりの片桐且元らと、さっそく軍議を開き、大坂城の弱点である南側に本陣を置いて、全軍で城を取り囲むことに決めました。ときに家康は七十三歳。

大坂城は城攻めの天才と呼ばれた秀吉がつくった城で、堀を何重にもめぐらせ、外郭周囲約八キロの総構えを持ち、中心には三重の水堀と高い石垣を備えています。

家康は当初から、この城は一度では落とせない、まずは一度和睦に持ち込むしかない、と考えていました。

一六一四年十一月十五日、二条城を出発した家康は、十七日に摂津住吉《せっつすみよし》（現・大阪市住吉区）を経て、大坂城の南方・茶臼山《ちゃうすやま》で、江戸から到着した秀忠と合流します。この時点で幕府方の総兵力は、二十万に膨れ上がっていました。

大坂冬の陣は十一月二十六日、両軍が城外の鴫野《しぎの》、今福で激突して始まります。各地で小競り合いはあったものの、豊臣方は最初から籠城戦を想定していましたので、戦いはそのまま大坂城へと移ります。豊臣方は、いざ戦いが始まれば、一度は家康についた大名も、いずれはこちらに味方してくるだろう、と考えていたようですが、実際は大坂方に寝返る現役大名は一人も出てきませんでした。

徳川方は堅い守りを突破できず、城内に入れないので、外からさかんに大筒《おおづつ》で攻撃する以外、有効な戦術をくり出せませんでした。

また、家康は積極策に出ると損害が大きくなると考え、総攻撃を行うべきと進言する秀忠を抑え、十一月のうちから和平交渉を進めています。

そして十二月十六日、本丸にいる淀殿のそばに偶然、砲弾が落ち、侍女八人が犠牲になり、恐れおののいた淀殿は和議に応じることに決めたといいます（当時の砲弾は、爆発しません。焼けた重い玉が飛んで来て、壁を押しつぶし、火災を発生させたのです）。

和平交渉は同月十八日から、徳川方は本多正純《まさずみ》（正信の子）と家康の側室・阿茶局《あちゃのつぼね》、豊臣方は淀殿の妹・初《はつ》＝常高院《じょうこういん》（京極高次《きょうごくたかつぐ》の正室で、妹は徳川秀忠の正室・江《ごう》〈小督《おごう》とも〉＝崇《すう》源院《げんいん》）との間で行われました。

和議の条件は、秀頼と彼の母・淀殿の身の安全と本領の安堵。牢人衆の罪を不問とするかわりに、大坂城の内外の堀を埋め立てる、というものでした。

外堀は幕府方、内堀は豊臣方が担当して埋め尽くす取り決めでしたが、ゆっくりと時間をかけて、と考えていた豊臣方の思惑を見破っていた幕府方は、強引に自分たちで内堀をも埋め立ててしまいました。


堀が埋められ、さしもの巨城・大坂城が丸裸の城となると、家康は新しい要求を豊臣方に突きつけます。

秀頼が大坂を退去して伊勢か大和に移るか、牢人たちの城外追放かの、二つに一つを選べ、というものでした。

一六一五年四月、、窮地の豊臣方がふたたび拒否の回答を申し出ると、家康は常高院を通じて、「そういうことなら、いたしかたない」と答え、諸大名に鳥羽・伏見に集結するよう命じます。

七万八千の豊臣方の将兵が、無防備となった大坂城を出て、道明寺《どうみょうじ》、八尾《やお》、若江《わかえ》方面へ打って出ますが、勝ち目はなく、十五万の幕府軍に圧倒されてしまいます。

幕府軍は河内平野での合戦を経て、大坂城南方の天王寺口、茶臼山口、岡山口へと迫り、激戦の末に豊臣方の有力武将の大半を討ち取りました。

大坂城も内通者により放火され、轟音《ごうおん》とともに落城。翌日、淀殿（四十九歳）――秀頼（二十三歳）母子は自害し、近臣らも二人に殉《じゅん》じました。

秀頼は正室千姫との間に子はありませんでしたが、側室から生まれた男子・国松（八歳）と、七歳の女子がいました。二人は落城の際に逃れて京に入りますが、国松はとらわれて六条河原で斬殺されてしまいます。

女子は千姫の養女となったことで死を免れ、鎌倉・東慶寺《とうけいじ》に入れられますが、事実上、大坂夏の陣で豊臣の血筋は根絶やしにされてしまいました。

七月十三日、「慶長」から「元和《げんな》」と改元されます。

いよいよ乱世は終わり、泰平の時代が訪れました。人々はほっとしつつ、「元和偃《えん》武《ぶ》（偃武とは戦争が止むとの意）」と呼ぶことに――。

与えられた寿命を使い切った男

七十を過ぎても、家康の健康は壮年期と変わりがなく、趣味の鷹狩《たかが》りにいそしんでいます。もし家康が秀吉と同じ六十二歳で死んでいたら、その後の日本の歴史は確実に違ったものになっていたはずです。

江戸幕府も豊臣政権同様、家康の死を契機に崩壊へ向かっていったかもしれません。福島正則ら秀吉子飼いの大名がまだ多く残っており、長じた秀頼のもとに結集して、徳川氏を倒すことも十分ありえたからです。

家康は絶対権力を握ってから、さらに十五年以上生き、最晩年になって大坂夏の陣で豊臣家を完全に滅ぼしたからこそ、二百年以上に及ぶ安定政権を築くことができたのは確かです。

家康の死は、豊臣家が滅んでから半年後の一六一六（元和二）年四月十七日のこと（享年、七十五）。この半年は徳川政権にとって、きわめて重要な期間でした。

この間、家康は孫の家光を徳川家の後継者に定め、将軍秀忠の名をもって各地の大名に居城以外の城をすべて破壊させます（一国一城令）。これにより全国の四百近い城が無くなり、大名の防衛拠点は激減しました。

また、側近の金地院崇伝に命じて、武家が守るべき義務を定めた「武家諸法度《ぶけしょはっと》」を起草させ、これも秀忠の名で諸大名に発布しています。

その後、この法度に違反したとして多くの大名が処罰されたのは、読者のみなさんもよく知るところでしょう。

加えて、豊臣政権が朝廷の権威を背景に成長したものであったことから、朝廷や公家の行動を規制する「禁中 並 公家諸法度《きんちゅうならびにくげしょはっと》」もつくられました。

家康は与えられた寿命を見事に使い切って、死んでいったことになります。

一六一六年正月、鷹狩りに行った先の駿河田中城で、家康は激しい腹痛を発し、動けなくなりました。鯛の天ぷら（正しくは衣《ころも》のない素あげ）を食した直後でしたが、腹痛ではなく、胃の病気（おそらく胃がん）を抱えていたように思われます。

それでもなお数ヵ月、家康は生きています。

家康は「腹の中に固まりがあり、寄生虫にやられている」と自己診断し、自分で調合した「万病丹《まんびょうたん》」や「銀遊丹《ぎんゆうたん》」なる薬を飲み続けましたが、侍医の片山宗哲《そうてつ》が心配して秀忠に相談したことに激怒して、家康は宗哲を信濃に流したりもしています。

激越する血は生涯、治らなかったようですね。

『徳川実紀』によると、外様大名の堀直寄《ほりなおより》（大坂の陣後、越後蔵王堂〈現・新潟県長岡市〉八万石、家康の死後に越後本荘〈現・新潟県村上市〉十万石を領有）を呼んで伝えた遺言は、次のようなものでした。

「このたびの老病、とても回復すべきにあらず。我なからん後、国家において一大事あらんには、一番の先手藤堂和泉守《いずみのかみ》（高虎）、二番は井伊掃部頭《かもんのかみ》（直孝）に命じおる。汝は両陣の間に備《そなえ》を立て、横槍を入れるべし」

秀忠には、「わが命すでに旦夕《たんせき》（朝夕）にせまれり。この後、天下の事は何と心得られしや」と尋ねています。

秀忠が「天下は乱るる」と即答したのを聞いた家康は、深くうなずいて納得し、「ざっと（これですべて）済みたり」と言ったと、やはり『徳川実紀』に書かれています。凡庸だと思っていた二代将軍・秀忠に、大乱に備える覚悟ができていることを、喜んだのでしょう。

四月十六日、榊原照久《てるひさ》（康政の甥）を招き、「東国は譜代大名が多いが、西国を心配している。私の像を西へ向けて久能山に安置せよ」と命じました。

金地院崇伝の日記『本光国師日記《ほんこうこくし》』によると、

「死んでのちは、遺体は久能山に納め、葬儀は増上寺で行い、位牌は三河大樹寺にたて、一周忌を過ぎたら日光山に小さなお堂を建てよ。わしは関八州の鎮守となる」

と、言い残したとされています。

信長は四十九歳、秀吉は六十二歳——その寿命を思えば、家康の七十五歳は圧倒的な長さを感じます。健康長寿こそが大仕事を成す基本であることを、家康は自ら実践し、日々の養生に努めた結果といえるでしょう。

遺体は死の当日に久能山に移され、翌年、遺言通りに日光に家康廟が造られます。神号をめぐっては、金地院崇伝は「大明神」を、南光坊天海《なんこうぼうてんかい》は「大権現《だいごんげん》」を唱えて対立しましたが、最終的に秀忠が、「大明神となった秀吉は滅亡してしまった。大明神の号には問題がある」として、大権現の号を選択することに——。

まもなく、朝廷から「東照大権現」の神号を授けられることとなりました。

家康を活かし、家康に活かされた「人材」たち❺

林《はやし》羅《ら》山《ざん》 四代の将軍に仕えた儒学官学化の祖（一五八三〜一六五七年）

家康が林信勝《はやしのぶかつ》と称していた羅山の名を知ったのは、一六〇四（慶長九）年のころ。羅山は京の洛中で『論語』などを講ずる、一介の町の儒者でした。ときに、二十二歳。

林家は、もとは加賀国の土豪であったようですが、没落した一族は、羅山に出世の夢を託していました。惺窩に弟子の礼をとり、羅山は若くして儒者の道を歩むことになります。藤原惺窩《せいか》の推薦で家康に謁見した羅山は、その知識を買われ、一六〇七年に三百俵扶持で徳川家に出仕することになります。武将に比べればわずかな扶持とはいえ、このことが貧しい暮らしのつづいていた羅山の出世欲に、火をつけました。

ある日、その羅山に家康は難問を突きつけました。剃髪せよ、と言うのです。廃仏を唱える儒者に対して剃髪とは、道を外せというに等しいこと。それまで家康は、儒者を任用したことがなく、出仕するなら僧になれ、と言い出したのでした。家康は内心、羅山の覚悟と忠誠心を試したのかもしれません。羅山は迷いもせず、「拒むこと能《あた》わず」と頭を丸め、「道春《どうしゅん》」なる僧号を名乗るようになります。

このことで家康の信を得た羅山は、徳川家の書庫の管理を仰《おお》せつかります。そこへ起きたのが、方広寺の鐘銘問題――銘文にある「国家安康」とは、「家康公の名を無礼にも用い、しかも名を中で切るとは論外の悪事」、「君臣豊楽　子孫殷昌《いんしょう》」とは、「豊臣ヲ君トシテ子孫ノ殷昌ヲ楽シム」と読める、とのこじつけを書いた意見書を、羅山は金地院崇伝とは別に提出しました。家康にとって羅山の〝博学〟は、まことに都合のいいものであったようです。

酒を飲まず少食を通した羅山は、三代将軍の家光の代になっても重きを置かれ、崇伝と天海の死後には一人、将軍の側に残ったのは羅山でした。彼の享年は七十五。

羅山の林家はその後、江戸幕府が滅ぶまで、代々、公認の儒者を務めることになります。

家康を活かし、家康に活かされた「人材」たち❻

金地院崇伝《こんちいんすうでん》

法律・外交・宗教政策の礎を築いた「黒衣の宰相」（一五六九〜一六三三年）

以心崇伝《いしんすうでん》（金地院崇伝）が家康に召されたのは、一六〇八（慶長十三）年。林羅山の一年後ですが、いわば二人は同期生と言ってもいいでしょう。この頃、家康は駿府で〝大御所〟として、二代将軍・秀忠の後見（実質は隠居前と変わらず）をしていました。

町の一介の儒者だった羅山に対し、崇伝はこの時すでに南禅寺の住持。五山《ござん》の上位に位置する南禅寺の住持といえば、禅僧では並ぶ者がいない存在で、臨済宗五山派の数多《あまた》の僧侶との競争を勝ち抜いてきたしたたかな人物でもありました。

五山の僧は伝統的に、これまで室町幕府の外交や朝廷工作に参与しており、家康にとって崇伝は、うってつけの人物だったのです。

崇伝は秀吉の朝鮮出兵時、西笑承兌《さいしょうしょうたい》を補佐して外交事務に当たったこともあり、その実務家としての能力も買われていたようです。

一六一〇年、駿河に金地院を建て、そこで過ごすことが多くなった崇伝は、幕府の外交文書の起草を一手に引き受け、国書の他、キリシタン禁令、禁中並公家諸法度、武家諸法度などを起草しました。

それにより家康の信任が増し、実務家としてのみならず、政治の裏面にもその実力を発揮することになります。

有名なのは、やはり方広寺の鐘銘事件でしょうか。

崇伝も謀議の中心人物でした。

大坂方の片桐且元を油断させたり脅えさせたり、手の込んだ方法で手玉に取ったうえで、最後は本多正純と共に厳しい調子で且元を難詰し、世上、陰でささやかれた崇伝の称号が、

「大《たい》欲《よく》山《ざん》気《き》根《こん》院《いん》僭《せん》上《じょう》寺《じ》悪《あく》国《こく》師《し》」

でした。

たしかに、そういわれてもしかたのない悪知恵を、崇伝は次々と出してい

ます。

ですが、大坂の陣の後、伏見城に参集した諸大名を前にして、武家諸法度を朗読したのも崇伝であり、これによって江戸時代は、二百六十五年の泰平を得ることになったのも、事実でした。

この善悪入りまじっての、まさに〝黒衣の宰相〟とは、崇伝にふさわしい名称であったかもしれません。

入寂《にゅうじゃく》（死）は、六十五と伝えられています。

第五章

健康で長生きしてこそ成し遂げられることがある

自己流ではなく、必ず師匠に学んだ武芸

家康はさまざまな武芸を好み、そのいずれにも精通していました。

紀伊徳川家の藩祖となった彼の十男・頼宣《よりのぶ》が記した『紀君言行録』によれば、「刀、槍、弓馬などの古来の武道ばかりか、鳥銃（射撃）や水練にも卓越し、その精蘊《せいうん》をきわめていました。

若年から晩年に至るまで毎日欠かさず乗馬をこなし、いささかも怠らず、その精力はなみの人間の及ぶところではなかった」（現代語訳）

ということです。

精蘊とは奥義のことですから、さしずめ免許皆伝の腕前だった、ということになります。

剣法は奥平休賀斎《おくだいらきゅうがさい》から学んでいます。彼は上泉伊勢守信綱《かみいずみいせのかみのぶつな》の門に入って新陰《しんかげ》流の奥義をきわめ、その後、秘伝の太刀《たち》を編み出して奥山流剣法を会得《えとく》した人物です。

――家康が、「学びの達人」だったことを知る逸話があります。

五十三歳の時、京都の鷹ヶ峰《たかがみね》の小屋で一人の剣士と立ち合い、見事に打ち負かされました。剣士の名は、柳生石舟斎宗厳《やぎゅうせきしゅうさいむねよし》（上泉信綱の高弟で正統の後継者）――。

石舟斎の無刀取りの技に魅《み》せられた家康は、その場で二百石の知行を与え、自ら入門の誓紙を差し出しています。

自分は打ち負かされた。であるからこそ、学ぶべきところは学ばなければならない。柳生新陰流（正しくは、新陰流兵法）は以後、石舟斎の子・宗矩《むねのり》によって、将軍家指南役の地位と共に受け継がれます。

家康は剣で人を斬る、つまり〝殺人剣〟は好みませんでした。

ある時、天下一の剣士といわれた疋田豊五郎《ひきたぶんごろう》（同じく上泉信綱の高弟）に指南を受けた後で、こう言ったそうです。

「人を斬るのは匹夫《ひっぷ》の勇《ゆう》にすぎない。この家康は、敵に斬りかかけられたらまずその場をはずし、後の始末は家来に任せればそれでよい」

刀槍《とうそう》の修行は家康にとって、身を守るための護身であり、心身を鍛えるため、基本はあくまでも心身の健康を向上させるためのものだったのです。

馬術は大坪流。この流派は、馬の身を思いやって危《あや》うき所では必ず下馬して歩行することを説き、家康は近臣にもこの教えを守らせました。

「海道一、二の馬乗り」と評された家康ですが、一五九〇（天正十八）年の小田原の陣では、難所で卓越した馬術を示すことなく、馬から降りて馬をいたわる大坪流の一伝を実行し、並みいる諸将に披露しています。

射撃もプロ級——浜松城主の頃、櫓《やぐら》に止まっていた鶴《つる》を五、六十間《けん》（約百メートル）の距離から長筒《ながづつ》（筒の長い火縄銃）で撃ち落としたといいます。

興味深いのは、家康はなにごとも専門家について学ぶことを好んだ点でした。我流でやっていると、途中で矛盾が出たり、限界を感じたりするからです。

まずは、専門家に言われたとおり真似をする、それが完璧にできるようになったら、自分に合った形《かた》をつくっていくのが、習い事の本筋です。

そこを家康は、よくわきまえていました。その成果ゆえに、あらゆる習い事で、段階を踏んで名人・達人の域にまで達することができたのです。

教えを守って形をつくった後に、破って離れる。すでに述べましたが、「守破離《しゅはり》」が〝学び〟の正しい行程なのだ、と家康は理解していたのです。

その彼が若年の頃から、とくに好んだのが水泳で、毎年夏になると岡崎城近くの川で遊泳するのが楽しみでした。

徳川将軍家ではこれにならって、家光はじめ歴代の将軍が水泳の技を磨いていたとされています。

老年に達してもこの習慣は変わらず、六十九歳の家康が駿河の瀬名川に飛び込み、遊泳した記録が残っています。

「鍛えれば長持ちする」家康が見抜いた健康法

家康は「体は鍛えればそれだけ寿命が長くなる」という、近代健康学の考えに通ずる健康観を持っていました。

常に鍛えなければ、筋力は衰える一方となる。今日では常識となっている原理原則も、当時としては斬新なものだったはずです。

藤堂高虎《とうどうたかとら》には、「天下の主とはいっても、常々から熟練しなければ叶えられぬことがある。騎馬と水泳だ。この二つは人に代わらせることのできぬ技である」と説いています。

かなりの技法が身につくまで、自らに厳しい訓練を課した家康であるからこそ、死ぬまで、何事においても率先垂範《そっせんすいはん》することができたのでしょう。

家康独特の心身の鍛錬法といえば、鷹狩りが有名です。

囲碁や将棋にはさして興味を示さなかった家康も、こと鷹狩りとなると異常なまでの熱心さで、わずかな隙さえあれば、狩りに出かけていました。

ことに老境に入ってからは拍車がかかり、没するまで、駿府と江戸との往来の道すがら鷹狩りを楽しみ、秀忠のいる江戸に着いても近郊で狩りを行っています。

家康の鷹狩りの特徴は、決められたコースを、決められた通りに進むこと。

獲物が獲れないから、疲れたから、今日はここで止《や》める、などということはありませんでした。

汗をかくこと、おいしく食事をいただくこと、よく眠れることが目的ですから、たとえ獲物が獲れなくても、家康は気にしませんでした。

はっきりしているのは、秀頼と自分のどちらが先に死ぬかで、これから、が決まるということ。

家康が先に死ねば、天下人の座を豊臣家に取り返されることも、豊臣恩顧の大名たちが一転、牙《きば》を剥《む》いて徳川家に襲いかかってくることも、容易に想像できました。

盤石な体制が築かれるまで、一日でも長生きしたい。

その一途の執念が、体の調練としての鷹狩りを日課とさせました。

体を鍛えて運動をすれば健康にいい、というのは、当時はけっして常識ではありませんでした。

しかし家康は、長生きという目的のためにはこれをすればいい、と長年の経験から十分理解していたのでしょう。

深酒をせず、毎朝起きる時間も正確に定め、木の馬に跨《またが》って弓の練習をし、剣術の木刀を何回振ってと、その日一日にやるべきことを黙々とやり続けました。

すべて、長生きを実現する健康維持のためです。

——今も残る、鷹狩りの道があります。

千葉県船橋市から東金《とうがね》市までの約三十七キロ（約九里）、この長距離をほぼ一直線に貫いて走る県道が通称「御成街道《おなり》」ですが、これは家康が一六一四（慶長十九）年に鷹狩りのために新たに開削させた道です。佐倉に入封《にゅうほう》させた土井利勝《どいとしかつ》（江戸初期の大老）に命じての、突貫工事でした。

全行程を行くには、徒歩ならば二日。ほぼ中間地点に当たるのは、千葉都市モノレールの千城台《ちしろだい》駅あたりです。

今、船橋市本町にある東照宮は、鷹狩りに際しての休憩所として建てられた船橋《ふなばし》御殿跡《ごてんあと》で、家康は一六一五年に一度だけ宿泊し、その後は二代将軍・秀忠が、「東金御成り」のたびに宿泊しています。

「日本一小さい東照宮」と謳《うた》うとおり、商店街の中に埋もれるように建っています。土井利勝は、船橋から東金まで沿道九十七ヵ村の名主を召集し、道普請を分担させました。昼夜兼行の工事ゆえに、地元では「一夜街道」とか「提灯《ちょうちん》街道」という別名もついたようです。

家康は一六一四年の大坂冬の陣に際して、駿河からの出馬に鷹狩りの出で立ちで臨み、行軍の途次、わざわざ田中城近くの狩り場に立ち寄って、狩りを楽しんでいます。

死に至る病《やまい》に気づいたのも、やはりこの田中での狩りがきっかけでした。『中泉古老諸談《なかいずみころうしょだん》』なる書物に、家康が説いた鷹狩りの効用が記されています。現代語訳で記してみます。

「鷹狩りは、遊楽や娯楽のためだけにあるのではない。遠く郊外に出かけるので領民の苦労や（その土地の）士風を知ることは言うまでもないが、なにより筋骨を働かせて手足を素早く動かし、寒さや暑さの中を走ることで、病になるのを防ぐことができる。早起きするので宿食《しゅくしょく》（胃の中の食物）を消化し、朝飯もうまくなる。また夜ともなれば、その日一日のほどよい疲れで快く熟睡できるので、自然と夜の営みからも遠ざかる。これこそ第一の摂生《せっせい》であって、薬を用いるよりはるかに勝《まさ》っている」

言っていることは、どれもこれも、もっともな内容ばかり。信じるに値する健康法を持っていた晩年の家康の目的は、ただ一つ、長寿を成すことにありました。つまるところ、格別に鷹狩りを好んだのは、一つには摂生のため、一つには身体を動かして老いを防ぐためでした。

加えて軍務を調練し、民情を把握する目的もあったとすれば、一石二鳥三鳥の効果が期待できたわけです。無駄な時間を嫌った、家康らしい趣味といえます。

側近の本多正純に、こう言っています。

「鷹狩りは、むやみに鳥獣を多く捕ればいいというものではない。平和だからといって身を動かさずに安佚《あんいつ》（何もしないでのんきにしている）にしていては、手足が衰えて急ぎの用に立たなくなってしまう。

日ごろから、身体をならしておくべきだ。乗り物を捨てて歩行し、川を押し渡るなどの運動をして、身体を堅固に鍛えるべきだ」

と。エスカレーターに乗らず、階段をつかえ、ということでしょうか。

「健康オタク」家康の面目躍如

ひときわ健康に気を遣った家康は、健康について学ぶことにも、ことのほか熱心でした。全国から名医と呼ばれる医師も、召集していました。
曲直瀬道三《まなせどうさん》―親清《ちかきよ》父子、半井成信《なからいなりのぶ》、吉田浄珍《よしだじょうちん》ら京の名医には江戸勤番を命じ、徳川家の侍医としています。

とくに信頼して出仕させたのは、名医中の名医・板坂卜斎《いたさかぼくさい》と片山宗哲でした。
卜斎の父は武田信玄の侍医であり、武田家滅亡時には卜斎は幼少でしたが、家康のはからいで施薬院宗伯《せやくいんそうはく》らから医術の指導を受けて、奥義をきわめています。家康は自分専用の医者を、育て上げたわけです。

卜斎は会津の上杉征伐、関ヶ原の戦いに従軍。幕府創設で平和が訪れると、もっぱら家康の養生生活を支え、多くの良薬を製剤しています。

宗哲は一六〇六（慶長十一）年に医師の最高位・法印《ほういん》にのぼり、侍医筆頭となりました。

有力な外様大名の病状診断にも関わり、所見を家康に提出していますので、大名統制の一翼をも担《にな》っていたようです。

また、林羅山が長崎で求めた『本草綱目《ほんぞうこうもく》』を解読し、家康の薬草研究に寄与したのも宗哲であった、と伝えられています。

なまじ自分に知識があるので、家康の医師に対する評価は厳しく、ヤブ医者と見なすと容赦なくクビにしたといいます。宗哲はすでに見たように、家康の見立てと異なる主張をして、信州に流されてしまいました（家康の死後、帰還しています）。最後に信頼できる名医は、自分の体をよく知る自分自身にほかならない、と家康は自負していたのかもしれません。

食生活にも、家康は確固たる主張を持っていました。

生涯を通じて質素倹約を旨とし、粗衣粗食《そいそしょく》を生活上のモットーとしていた彼は、天下を手中にし、もはや全国に敵なしとなった身でも、「麦飯主義」を通しています。岡崎城時代、ある家来が気を利《き》かせたつもりか、白米の上に少しばかりの麦飯をかぶせて出したところ、家康はすぐに気づいて、要《い》らぬ心づくしだ、と言って戒めたといいます。

麦飯が白米よりも、健康食であることを家康は知っていたのです。美食は食べてうまいけれども健康に害がある、との認識を持っていました。

家康は発酵食品も好んでいます。生国三河は三州味噌の産地で、これは八丁味噌と共に大豆を主原料とする豆味噌です。鷹狩りの際には、握り飯の両側に味噌をつけて焼いたものを持参していきます。

納豆も好物で、好みの食材はいずれも健康食であることが知れます。


健康を気遣うこと人一倍の家康は、〝薬オタク〟でもありました。

ある時、家臣同士が薬草の話で盛り上がっている時でした。

それを小耳にはさんだ家康は、膝を乗り出して話に加わり、

「その薬草は何年か前の忙しかったおり、信楽谷《しがらきだに》で見たぞ。たくさんあったものよ」

と言ったというのです。

さっそく家臣に採《と》りに行かせたところ、実際に群生していた、との話が『武功雑記』に出てきました。

信楽を通ったというのは、伊賀越えの危機のときのこと。

人生最大のピンチにあっても、家康という人は、道ばたに生えている薬草に目を留めていたのです。さすが、と言うしかありません。

すでに見てきたように、家康は自ら薬の研究をし、侍医を動員して調合も行ってい

ます。

寛中散《かんちゅうさん》、蘇合丹《そごうたん》、銀液丹《ぎんえきたん》、万病丹《まんびょうたん》、八味丸《はちみがん》などの名が残っています。

漢方の世界で八味丸は、今日でも当時と同じく腎臓や膀胱の病患の他、糖尿病、動脈硬化、血圧の薬として用いられ、地黄《じおう》が主成分なので「八味地黄丸《はちみじおうがん》」の名が一般的です。

家康は折にふれて医学書や本草書（薬物書）を読むのが好きで、草根木皮《そうこんもくひ》の薬能研究にも夢中になっています。

とくに、常に近くに置いて熱心に読んでいたのが、『本草綱目』でした。明の李時珍《りじちん》が一五九六年に編纂した、当時、最新の本草書です。薬物各種を分類し、効用を明記した上で産地や形状まで明らかにした、画期的なこの大著の研究会も家康は開いています。

珍しい医薬本草の類《たぐい》を入手すると、この『本草綱目』と照合し、その都度、確認したといいます。

当時の武士は、主君のために戦場で討死をすることを本望、本懐と考えていましたが、半面、病気で死ぬことは養生の嗜《たしな》みがなく、恥辱《ちじょく》と心得ていました。

家康はその考えを一歩進めて、予防とその実践についても研究を楽しんで行っていました。養生の心得は、家康の生涯を通じての生活規範となっています。

孫の家光が病となったおり、自ら煎《せん》じた薬を与えて、治したという逸話もあります。

長生きの賜《たまもの》だった「御三家」

健康に気を遣ったおかげで、長じてからも家康は精力旺盛でした。

三十代の頃までの側室は記録に残る限り一人だけですが、その後は年若い側室を次々と物色し、生涯で二十人ともいわれるの側室に十一人の男子と五人の女子を産ませています。

最後の愛妾《あいしょう》、於六《おろく》の方は、家康が七十五歳で亡くなったとき、まだ十九歳でした〈ほかに、おたあジュリアという十四歳〈異説あり〉の少女に懸想《けそう》〈思いをかける〉をした話も伝えられています〉。

もちろん、夜の営みをつづけた動機は家康らしく、子が多ければ多いほど徳川家の天下も安泰だ、と考えていたからでした。

ところが、織田信長は優秀な男子に恵まれず、豊臣秀吉は子種《こだね》に乏しく、毛利元就の場合は出来のいい子は、他家を継がせた次男の吉川元春《きっかわもとはる》と三男の小早川隆景《こばやかわたかかげ》だけでした。

家康は五十九歳のおりに生まれた九男・義直《よしなお》、六十一歳で生まれた十男・頼宣《よりのぶ》、六十二歳で生まれた十一男・頼房《よりふさ》の三人を溺愛し、それぞれに徳川御三家を創始させています。宗家の補完を、考えていたのでしょう。

興味深いのは、家康の側室はほとんどが、後家《ごけ》や名もなき女性たちでした。これは性病を怖れたからとも、子を産んだ経験のある女性を選んだから、ともいわれています。

当時、性病はその道のプロの女性につきまとっていたものでした。素人だけを相手にしたのは、やはり健康を気にしていたからだと考えられます。身分の高い女性を好んだ秀吉とは、対照的でした。

「一盗、二婢」という、いささか品のない言葉があります。「盗」とは人妻のこと、「婢」とは下女のことです。

人妻や下女に身を任せるのはすこぶる快感である、なぜならば、以前、彼女が身を任せた男性と、比べられるのですから、存分に喜ばせるだけの自信がなければ務まらない、といった意味合いになります。

六男・忠輝《ただてる》、七男・松千代（幼くして他家へ養子に出、六歳で死亡）を産ませた於茶阿《おちゃあ》の方も、以前は遠江金谷《かなや》の鋳物師の妻であり、九男・義直を産んだ於亀《おかめ》の方も寡婦《かふ》でした。

陣中でも、鷹狩りでも、一時たりとも身辺から女性を離さなかったことは、『徳川実紀』にこう記されています。

「御鷹野《おたかの》（鷹狩りの場）のさきざきへは、いつも女房共召し連れられ、そが内にて上臈《じょうろう》たちは輿《こし》に乗り、その余はいずれも乗懸け馬に、茜《あかね》染めの蒲団敷きて乗り、市女笠《いちめがさ》の下にふくめんして供奉《ぐぶ》（お供の行列に加わること）するなりと」

家康が読んだとされる唐の医書『千金方《せんきんほう》』には、次のような記述がありました。

「二十歳の者は四日に一度もらす。三十歳の者は八日に一度もらす。四十歳の者は十六日に一度、五十歳の者は二十日に一度もらし、六十歳の者は精を閉じてもらしてはいけない。

若く盛んな者でも、我慢ができて一月に一度くらいにしておけば、長生きができる」――けれども家康は、この教えを忠実に守ったとはいえません。

於万の方に次いで二人目の愛妾となった於愛の方と出会ったのは、家康が三十七歳の時。於愛は十七歳でした。出会いの翌年、三男・長丸《おさまる》を産みます。この長丸こそが、次男のお義伊《ぎい》（のちの秀康）をさしおいて二代将軍となった秀忠です。

於愛は四男・松平忠吉《ただよし》も産み、二十八歳で病死したとされています。

家康の「康」の字は尊敬する祖父・清康に因《ちな》んでのものですが、「名は体《たい》を表す」の格言通り、健康の「康」の字でもあったかと思われます。

人生の勝負は長いのだ、そういう覚悟あっての、健康への気遣いでした。

長生きしてこそ成し遂げられることがある、との思いは、〝学び〟の家康にとって、すでに信仰に近いものがあったのではないでしょうか。

家康を活かし、家康に活かされた「人材」たち❼

南《なん》光《こう》坊《ぼう》天《てん》海《かい》「東照大権現」の立役者

（一五三六〜一六四三年）

「天海僧正は人中の仏。恨みに思うのは、相知るのが遅かったことよ」とは、家康の弁です。

小田原滞陣中とも、江戸城でとも、また関ヶ原出陣時ともいわれる、天海と家康の出会いは、いずれにしても家康の生涯の後半となります。

天海は生年、経歴ともに謎の多い人物で、極端な話では死亡時の年齢は百三十五歳ともいわれていますが、一般には一五三六（天文五）年の会津生まれ、入寂したのは一六四三（寛永二十）年の百八歳とするのが、定説となっています。

天台宗の僧であり、「随風」「南光坊」とも呼ばれ、叡山や南都（奈良）、その他で教学を修めたとされています。

一五八九（天正十七）年に家康の帰依をうけ、天台の教えを説いたのが、徳川家、ひいては幕府との〝縁〟のはじまりとされています。

一六一六（元和二）年には「大僧正」となっています。

この年、家康の死に臨んで、本多正純・金地院崇伝とともに遺言を聞き、翌年には家康の遺体を日光山に改葬しています。

また、二代将軍・秀忠の命をうけ、江戸忍岡《しのぶがおか》に東叡山《とうえいざん》寛永寺を創建し、天海は自ら開山となりました。

のちに徳川家ゆかりの世良田《せらだ》（現・群馬県太田市）の長楽寺《ちょうらくじ》の住職も兼ねたようですが、家康の「東照大権現」の称を得るため、朝廷と幕府の間を奔走する、政治的な才覚も十二分に発揮していました。

天海は長生きをしたことで、三代将軍・家光にも仕えています。

その家光の代のことです。天海は将軍家光より、ある時、柿を賜りました。食後、天海はその種を懐に入れて持ち帰り、庭に植えるというのです。

家光が、

「僧正のような高齢の人が、無益なことを――」

と言いますと、

りませぬ」

「一天四海《いってんしかい》を知ろしめなさるお方が、そのような性急な考えをなさってはな

と天海は返答します。

それからしばらくして、天海は器に山盛りに盛った柿を将軍家光に献じ、

「先年の柿より実ったものにございます」

と礼を言ったというのです。

これには家光も、驚かされたといいます。

前述の崇伝が政治の前面に出たのに対して、天海は宗教界との関わりで幕政に関与しました。願うは天台宗の復興で、信長の比叡山焼き討ちで衰えた後、東国に強力な拠点を作ることにあったようです。

家康の命で川越に関東天台宗の本山（東叡山喜多院）を置き、また下野日光山を授けられています。

家康の遺骸が久能山から日光山に改葬されると、天海は幕府の守護神「東照大権現」の祭祀者となり、彼もまた、〝黒衣の宰相〟と呼ばれることになりました。

第六章

凡人・家康の功と罪

家康はケチ、そんな印象はどこから来たのか

ふと、思うのですが、天下を取った家康が生涯、最後に戦った最強の敵は、実は「ぜいたく」だったのではないでしょうか。

彼は質素倹約を生涯の旨として、貧しかった三河時代の暮らしぶりを終生、忘れぬように努めていました。

ある家臣に、馬小屋の修繕を命じたときの言葉が残っています。

「万事質素にいたし、雨漏りする場所、壁の崩れた場所のみ修繕いたせ」（『武将感状記』）

つづけて、こうも言っています。

「――蚊帳《かや》を吊り、布団をかけられる馬と、当家の馬と、どちらが険しい山を進み、激しい流れの川を渡れるだろうか。堀を飛び越え、深田にはまらず、暑さ寒さに耐えてよく働くのはどちらであるか、明らかであろう。そなたはけっして上方《かみがた》の大名を見習ってはいかんぞ」

次のような話も、あります。

駿府での大御所時代、ふと思い立って家康が、碁敵《ごがたき》（碁のよい相手）の商人の家に立ち寄ったときのことです。

主人はちょうど昼食《ちゅうじき》（昼飯）を食べている最中で、食べていたのは白米でした。

家康はそれをみると、パッと顔色を変え、そのまま帰ってしまいます。

そして次に会ったおり、「お前の家も長くないな」と商人に言ったといいます。

主人は、さては白米を食べていたのを見られたか、と思い、「いや、麦飯の上に白い山芋をかけて食べていたのです」と、とりつくろうと、家康の機嫌が一瞬にしてよくなった、というのです。

家康につきまとうマイナスイメージに、「ケチ」（吝嗇《りんしょく》）があげられます。

そのイメージ――その基本は、農業国三河の風土にあったのではないでしょうか。

家康は農本主義者です。

織田信長の家は祖父・信定《のぶさだ》の代から津島《つしま》の港を領内に持っていて、伊勢湾の交易で〝儲ける〟という価値を知っていました。経済というものを、理解していたのです。

信長が楽市・楽座令を施行して、金儲けに勤《いそ》しんでいた時、武田氏との戦いに明け暮れていた家康に、そんな余裕はありませんでした。

終始、米にこだわりを持っていたことがよくわかるのが、家康が天下を取ったおりの「関ヶ原合戦図屏風《びょうぶ》」です。

東軍側は隊の後ろに米俵を積んでいますが、西軍にそんなものはありません。手形の形で、米のみならず兵站《へいたん》全体を用意することができていたのでしょう。

「学びの達人」家康が遺した最大の失敗

家康の「実物経済主義」の精神は、徳川氏の江戸幕府を終始、悩ますこととなります。

なにしろ、彼の頭の中にある平和な時代とは、村人たちが米を作り、それなりに食べられて、合戦のない時代でした。

そして、人や物が動かない時代です。人や物が盛んに移動することで富を生み、経済を発展させるという発想は、家康にはありませんでした。

ところが、実際に平和な時代が訪れると、農業生産高が上がり、余剰生産物が生まれ、街道が整備されることで、人や物が往来し、それを売買するようになります。また、世の中に平和が訪れて、人々がいったん利便性を味わってしまうと、元の不便な暮らしには戻れません。

その時に価値を生ずるのが銭であり、信長も秀吉もこの銭の価値を理解して、「人は銭で動く」ということがよくわかっていました。

しかし、家康はそこのところが、よくわからなかったのではないでしょうか。

結局、泰平の時代とはどんな時代なのかを知らなかったのが、家康の悲劇といえるでしょう。はなから知らないわけですから、学びようがなかったのです。

江戸幕府の究極の目的は、天下泰平。二度と戦乱の世に戻しはしない、という決意でしたが、それを唱えた家康自身が、実は泰平の世とはどんな世の中なのかを知らなかったのですから、皮肉なものです。

というより、家康は便利な生活、苦労や制約のない生き方、銭の価値や怖さ、そういったもの自体を、生理的に嫌悪していた面もあったのではないかと感じます。

大井川に橋をかけなかったのも、架橋の技術がなかったからではなく、人や商品、武器が自由に移動することが怖かったのではないか、ということです。

「豊臣家は、ようけ銭を持っていたけれど、滅んでしまった。ざまあ見やがれ」

というのが、家康の本音だったのでしょう。

「いくら銭を持っていても、いざという時には役に立たん」といった考え方です。

たとえば、秀吉のやり方を見ていて、「これは自分とは違う」と、充分にその本質を理解しようとせず、目をそむけてしまったことが、結果的に家康に学ぶ機会を失わさせ、平和な時代の経済の姿を想像できなくしてしまったのです。

一例を挙げれば、江戸時代、ささいな罪で潰された御店《おたな》の財産は、町奉行に没収させています。その金を使って、経済を活性化させようという考え方は、そもそもありませんでした。金が金を生む、という発想自体がなかったからです。

さらに、幕府や各藩の台所事情を苦しめたのは、家康の「自分の生きていた時代とすべて同じやり方を、これからもするように」との遺言でした。

商品の流通や貨幣経済の発展にともない、米の価格は下落を続け、米の収入に依存する幕府や各藩の財政状況は厳しいものとなっていきます。

有名な享保、寛政、天保といった改革をはじめ、江戸時代、何度も改革は行われましたが、その度に「東照大権現様のご遺言を、変えるわけにはいかない」との保守派の巻き返しに遭い、時代に合った改革を実行することが困難でした。

その点が為政者として、トップリーダーの家康の限界だった、と言えば酷な言い方になるかもしれませんが、「学びの達人」家康をしても、学び足りなかったこともあったということでしょう。

家康を人使いの達人にした究極のテキスト『貞観政要』

家康は、唐の太宗《たいそう》を主人公にした政治指南書『貞観政要《じょうがんせいよう》』をよく読み、その中にあらゆる問題の答えを求めた、といわれています。

一五九三（文禄二）年に、儒学者・藤原惺窩から『貞観政要』の講義を受けた記録があり、その七年後にはこの本を足利学校に命じて出版させています。

当時の戦国大名のほとんどは漢文が読めませんでしたから、学問好きの家康にしても、どこまで自力で読解し、理解できたかは疑問ですが、不明な点は側に仕えた林羅山らに尋ねたことでしょう。

唐の太宗・李世民《りせいみん》（五九八〜六四九）は、唐王朝の二代目で、「貞観」は太宗治世時の年号です。

後世、「貞観の治《ち》」と呼ばれ、理想的な政治を行ったとされて、日本でも治世のお手本にされました。北条政子も熱心に読んでいたのは、有名な話です。

『貞観政要』は、太宗をいたずらに美化せず、欠点もあり、多くの過《あやま》ちを犯した普通の人として描いています。

太宗の美点は、自分の欠点をよく知っていて、だからこそ自分に意見する者、直言《ちょくげん》する者の意見に耳を傾けることができた点でした。

そのために、「諫議大夫《かんぎたいふ》」という役職までつくっています。

「貞観二年、太宗、魏徴《ぎちょう》に問いて曰《いわ》く、何をか謂《い》いて明君、暗君となす、と。魏徴答えて曰く、君《くん》の明らかなる所以《ゆえん》の者は兼聴《けんちょう》すればなり。その暗き所以の者は偏信《へんしん》すればなり」

と、同書にあります。

「兼聴」とは多くの人の意見を聴き、それを吟味して判断すること。「偏信」は一方向のみの、意見を採用することです。

魏徴は、太宗の敵でもあった実兄に仕えていた人物です。有能とはいえ、もとは敵側だった男を「諫議大夫」に起用するなど、なかなかできることではありません。

魏徴を重用した太宗は、古参の家来たちから
「仇敵を用いるとは情けない」

と非難されますが、

「もとは敵だった私に誠心誠意仕える魏徴は、立派である。彼は私が嫌な顔をしても諫《いさ》め、私の非を許さなかった。だから重用したのだ」

と答えています。

三河一向一揆で敵対した本多正信を許し、のちに重用した家康と同様です。

直言に対して腹を立てず、感情を害することもなく、道理に合っているとわかれば

実行に移す——こんな太宗の真似をしようとするのは、並大抵のことではありません。

権力者には必ずイエスマンの取り巻きができ、彼らは権力者の信用を得て、跳梁《ちょうりょう》跋扈《ばっこ》に及びます。

お世辞に長《た》けた茶坊主を集めるのは簡単ですが、耳に痛いことを言う家臣を身近に置くのは、思いのほか難しいものです。

信長は天下統一後、自らを全知全能の神に擬《ぎ》し、独善的な政権運営に陥りました。秀吉も晩年になると、自分が命じれば何でもできるとばかり、どだい無理な朝鮮出兵をくり返しました。

大望を成し遂げた権力者は、自分に不可能なことなど何もない、との全知全能感を持つのが一般的です。

家康にこの思い上がりがなかったのは、彼には数多の「諫議大夫」がいたからです。

家康が、まだ浜松城を居城としていた頃のことでした。

腹心の本多正信以下二、三人の家臣を集めて会議をしようとしたとき、そのなかの一人が懐から一通の書き付けを取り出し、封を切って家康に差し出しました。

「私が日頃、心に留めておりますことを書き付けておいたもので、はばかりながらご参考になることもあるかと思いまして、お目通しいただきたく存じます」

と言います。

家康は、それはよい心配りだと言って、正信に読み上げさせ、一項目読み終わるごとに、それはもっともだ、とうなずき、正信が読み終わるのを待ってから、

「これに限らず、今後も気づいたことがあれば、遠慮なく申し聞かせよ」

と伝えると、その家臣は、家康が聞き届けてくれたことに感謝しながら退出していきました。

面白いのはその後です。家康が正信に、「今、読んで聞かせたことをどう思うか」と尋ねると、正信は「一ヵ条もお役に立つようなことはないように思いました」と答えました。

すると家康は手を横に振りながら、

「いやいや、彼が自分の分別で精いっぱい考え、書き付けたものだから、それはそれでよい心がけなのだ。参考になることはなかったが、思ったことを内々に書き付けて常に懐中し、おりをみて私に見せようと思う志こそ、何ものにも代えがたい。

すべての人間は、自分では自分の欠点はわからないものだ。ましてや幹部となると、友人との交わりや切磋琢磨する機会もなくなるので、自分の過ちを知ることができない。普段話をする秘書や周りの者たちは、何事もごもっとも、としか言わないので、過ちを過ちと思わず、改める機会を失ってしまう」

そう言って、次のように語ったといいます。

「およそ人の上に立って、諫言を聞かない者で、国や家を失わない者は、古今東西にいないものだ」

唐は三百年続いた、長期政権でした。

太宗と周囲の名家臣たちの言行録『貞観政要』には、長期政権づくりに欠かせないヒントが、数多く記されています。

唐の前の王朝・隋は短命に終わっています。唐建国のために力を振るった太宗は、安定していると思われた隋が、なぜ早々に滅んでしまったのかを、臣下に研究させていました。

そこでわかったことは、暴君だった煬帝《ようだい》のむごい仕打ちを恐れて、官僚たちが面従腹背し、意見を言わなくなり、王の誤った行いに見て見ぬふりをしたという事実でした。わずか二十九年で終わった、隋王朝の轍《てつ》を踏まないためにはどうしたらいいか。そのことが、『貞観政要』には書かれているわけです。これこそが、家康が求めていたことに違いありませんでした。

家康もうなずいたであろう箇所を、現代語訳で紹介してみます。うしろの家康の言葉と読み比べていただくと、その学びの要諦《ようてい》が見つかるはずです。

「危ないと思うことがあったならば、隠さずに極言してほしい。臣下は心にかかることがあれば言い、君主は真摯《しんし》に耳を傾ける。君主と臣下がそのような関係でなければ、国を治めるに当たって、大きな害をもたらす」（『貞観政要』）

「近頃は世の中も落ち着いてきて、私も時間ができたが、自分で本を読むことがない。もっぱら人に読んでもらっている。

人生や政治で大切なことは書物に書かれているので、もっと学ばなくてはいけない。

学ばないとは、垣根の前に立っているようなものだ。なかの美しい庭園が見えず、前に進むことができない」（『貞観政要』）

——以下は、家康の言葉です。

「大臣寵臣《ちょうしん》（気に入りの家来）身命を破るは（破滅するのは）みな、奢《おご》り（の心）より起こるなり」（『明良洪範《めいりょうこうはん》』）

「凡《およ》そ主人の悪事なるを見て、諫言を容《い》れる（おこなう）家臣は、戦場で一番槍をつけたるよりも、遥《はる》かに増したる心ばせ（心がけ）なるべし」（『岩淵夜話別集《いわぶちやわべっしゅう》』）

「いかほど才智発明なる（賢い）者たりとも、我《われ》と吾《わ》が身の悪《あ》しき事は、知りがたきものなれば、人に言わせて、聞いて、心得としたるがよき筈《はず》のことなり」（『霊巌《れいがん》夜話』）

「物の本（書物）を読む事は、身を正しくせんためなり」（『本多忠勝聞書』）

「天下国家を治むるものは、四書（『大学』『中庸』『論語』『孟子』）をよく見聞せずんばならざることなり」（同右）

どうでしょうか。これらの教えを学び取ったからこそ、家康は背中を押されて前に進むことができ、日々、自らの生活を律することができたのではないでしょうか。

自分自身の経験だけに頼るのではなく、先人の教えに指針を求める姿勢は、家康の器《うつわ》を大きく育てることになりました。

「我一人の天下とは思うべからず」

家康は組織におけるリーダーとは何か、人をいかに使えばいいかを、生涯考え抜き、やがて一つの結論に達したのだと思います。

『故老諸談』なる書物に、そんな家康の言葉が出てきます。

「われ、素知《そし》らぬ体《てい》をなし、能《よ》く使いしかば、みな股肱（頼りになる家来）となり、勇功を顕《あら》わしたり」

この言葉の注目すべき箇所は、「素知らぬ体」でしょう。

気に食わぬ家臣の言動も、見て見ぬふりをし、己れの一時の感情や激情にとらわれずに、能力ある人を思い切り使う。組織にとって最善と思われるやり方を選択し、私利私欲は遠ざける。

人に抜きん出た才能もなく、カリスマ的な英雄でもない家康が、それでも天下を狙い、大望を成し遂げるには、周囲に助けてもらうしか手立てはありませんでした。

家康は父の代に離反していった旧臣の復帰を促し、三河一向一揆で敵対した部下の行動も不問に付し、恩を売りもせず周囲に侍《はべ》らせています。

まさに、「素知らぬ体」を取ることができたがゆえに、部下たちの信頼を勝ち得、

「殿は、むごいことはしなさらぬ」

と安堵させえたのです。

人使いの達人と言っても、いいでしょう。

家康とて生身の人間ですから、自己を押し殺し、生来持っている短気でカッとなる性格を腹蔵深くに沈潜させるのは、並大抵の苦労ではなかったはずです。難行苦行の連続であったかと思います。

とうてい、凡人の成せる業《わざ》ではありませんが、家康は人々に学ぶことができ、〝真似〟することをはずかしがらず、広く歴史に学ぶことができました。

才気《さいき》煥発《かんぱつ》でもなく、他を圧する器量も、将来への確固たる展望も持っていなかった家康が、それでも乱世を生き抜けたのは、己れを無にして他者に「学ぶ」ことができたからなのです。

己れを無にする――抽象化するとも言えます――ことができたのは、「学び」の面白さを、彼が知っていたからかもしれません。

広く歴史を振り返れば、自分など小さな存在である。しかし、先人や、歴史に「学ぶ」ことができれば、その分、自分には知恵がつき、ゆとりが生まれ、生きていくうえでの心構えができる。

失敗するリスクを下げ、危険を遠ざけることもできる。

そんな確信は、たしかにあったように思われます。

家康から五代将軍・徳川綱吉《つなよし》にかけての、将軍や老中たちの言行を集めた『武野《ぶや》燭談《しょくだん》』には、死に臨んで家康がこう言った、と記録されています。

「天下は天下の人の天下にして、我一人の天下とは思うべからず。国も又《また》、一国の人の国にして、一人の国にあらず。家も一家の人の家にして、一人の家ならず。何事も一人にては成り立たぬものぞ」

強烈な個性をもって時代を切り拓く一代の英雄は、その当人が死ねば、その栄華とともにその時代も終わり、一場の夢としてしか歴史に残りません。

個人が消え去っても、苦労して築き上げた平和と繁栄を持続させるには、どうしたらいいのか。

「創業」から「守成」へと受け継がせるには、どうしたらいいのか。

その答えが、「我一人の天下とは思うべからず」でした。

自分に天下を取らせてくれたものがある。それが何であるかを、家康は生涯懸けて学び取ったのだと思います。

徳川家康の生涯

西暦	年号	主な出来事
一五四二	天文十一	三河岡崎城主・松平広忠の長男として生まれる。母は於大の方。
一五四四	天文十三	広忠、於大の方と離縁する。
一五四七	天文十六	今川義元の人質として駿府へ送られる途上、奪われて尾張・織田家の人質となる。
一五四九	天文十八	広忠死去。織田・今川の人質交換により、駿府・今川家の人質に。
一五五五	天文二十四／弘治元	元服し、今川義元の一字を与えられ、松平元信と改名する（のちに元康と改名）。
一五六〇	永禄三	桶狭間の戦いで今川義元が敗死。岡崎城に帰還する。
一五六二	永禄五	今川家から離れ、織田信長と和睦（清洲同盟）。三河平定に着手する。
一五六三	永禄六	三河一向一揆が勃発。家康と改名する。
一五六四	永禄七	一向一揆を鎮める。
一五六六	永禄九	三河を統一する。松平から徳川に改姓し、徳川家康となる。 従五位下三河守に任ぜられる。
一五七〇	元亀元	信長に従い上洛。信長の援軍として朝倉攻め、姉川の戦いに参陣する。 居城を岡崎城から浜松城に移す。
一五七二	元亀三	三方ヶ原の戦いで武田信玄に大敗する。
一五七三	元亀四／天正元	信玄死去。
一五七五	天正三	織田・徳川連合軍、長篠・設楽原の戦いで武田勝頼を破る。
一五七九	天正七	信長の命により正室・築山殿を殺害、嫡男・信康を切腹させる。
一五八一	天正九	武田方の手に落ちていた高天神城を奪還し、遠江を平定する。

一五八二	天正十	武田家滅亡。信長より駿河を拝領する。本能寺の変。堺より岡崎に帰着する（伊賀越え）。
		甲斐・信濃に出陣。のち北条氏直と和睦、同盟を結ぶ。
一五八四	天正十二	羽柴秀吉と小牧・長久手で戦い、のち、和睦する。
一五八五	天正十三	石川数正が秀吉の下へ出奔する。
一五八六	天正十四	秀吉と和睦。秀吉の妹・旭姫を娶る。大坂城で秀吉に謁見。
一五九〇	天正十八	小田原攻め。秀吉より関東移封を命じられる。
		次男・秀康が秀吉の養子となり、結城秀康と名乗る。
一五九二	天正二十／文禄元	肥前名護屋城に出陣（朝鮮出兵）。
一五九三	文禄二	豊臣秀頼誕生。藤原惺窩に『貞観政要』を講義させる。
一五九八	慶長三	秀吉死去。五大老の一人として政務にあたる。
一五九九	慶長四	加藤清正ら七人が石田三成と対立し、三成を佐和山城へ退去させる。
		大坂城西の丸に移る。
一六〇〇	慶長五	会津の上杉景勝征伐に出陣。関ヶ原の戦いで三成らを破る。
一六〇二	慶長七	諸大名に二条城の普請を命じる。
一六〇三	慶長八	征夷大将軍に任官。
一六〇五	慶長十	秀忠が征夷大将軍に任官。自らは将軍を辞し、大御所と称される。
一六〇六	慶長十一	駿府に移り、隠居地とする。
一六一一	慶長十六	二条城で秀頼と会見。
一六一二	慶長十七	キリスト教を禁止する。
一六一四	慶長十九	大坂冬の陣。
一六一五	慶長二十／元和元	大坂夏の陣。豊臣家滅亡。
一六一六	元和二	家康死去。享年七十五。「東照大権現」の神号の勅許を賜る。

著者
加来 耕三（かくこうぞう）

歴史家・作家
1958年、大阪市生まれ。奈良大学文学部史学科卒業。同大学文学部研究員を経て、現在は歴史家・作家として、独自の史観にもとづく著作活動を行う。内外情勢調査会、地方行財政調査会、政経懇話会、中小企業大学校などの講師も務める一方、テレビ・ラジオなどの番組監修・構成、企画、出演など多方面で活躍する。現在、BS-TBS「関口宏の一番新しい中世史」（毎週土曜昼12時）に出演中。
主な著書
2023年に作家生活40周年を迎え、これまでに刊行した作品はおよそ400冊を超える。近著に、『成功と滅亡　乱世の人物日本史』（さくら舎）、『大御所の後継者問題』（MdN新書）、『偉人たちの決断　新たなる道を拓いた有名・無名28人のものがたり』（戎光祥出版）、『家康の天下取り　関ケ原、勝敗を分けたもの』（つちや書店）、『日本史を変えた偉人たちが教える　3秒で相手を動かす技術』（PHP研究所）などがある。

徳川家康の勉強法

2023年3月19日　第1刷発行

著者　加来耕三
発行者　鈴木勝彦
発行所　株式会社プレジデント社
〒102-8641　東京都千代田区平河町2-16-1
平河町森タワー13階
https://www.president.co.jp/　https://presidentstore.jp/
電話　編集（03）3237-3732　販売（03）3237-3731
構成　水無瀬尚
デザイン　草薙伸行（Planet Plan Design Works）
DTP　村田 亘（Planet Plan Design Works）
イラスト　中川惠司
校正　株式会社ヴェリタ
編集　阿部佳代子
制作　関 結香
販売　桂木栄一　高橋徹　川井田美景　森田巌
末吉秀樹　榛村光哲
印刷・製本　凸版印刷株式会社

　ISBN978-4-8334-2490-5
Printed in Japan